JN071829

戦後学生雑誌と学生運動

『学生評論』『季刊大学』
『大学』『学園評論』解説・総目次・索引

中西直樹 著
Naoki Nakanishi

不二出版

＊本書は復刻版『学生評論』『季刊大学』『大学』全10巻・別冊1（中西直樹編・解説、不二出版、二〇二〇年）の別冊「解説・総目次・索引」である。

＊本書の第二章（「雑誌『学園評論』とその時代」）、第三章（「風波事件と戦後新制女子大生」）、及び『学園評論』等の総目次・索引は、復刻版『学園評論』全9巻・付録1・別冊1（中西直樹解題、不二出版、二〇一一－一二年）の別冊に収録したものを、明らかな誤植のみを訂正し、再録した。

はしがき

本書は、戦後混乱期発行の『学生評論』（一九四六年一〇月から五一年五月まで刊行）、戦後復興期発行の『学園評論』とその後継誌『学生生活』（一九五二年七月から五六年一一月まで刊行）、さらに『季刊大学』（一九四七年四月から四八年九月まで刊行）、『大学』（一九四七年五月から四八年九月まで刊行）を復刻するに際して、その解題として執筆した論文と雑誌総目次を収録して一書としたものである。

『学生評論』『学園評論』『学生生活』は、戦後雑誌ブームのなかで、学生を主たる読者とし、学生主体で編集発行された学生雑誌の代表的な存在であった。『学生評論』と『学園評論』『学生生活』の間には編集方針で若干の断絶があったものの、一貫して全国学生自治会総連盟（全学連）と深い関係を有し、約十年にわたって刊行された。戦後の学生動向と学生運動の実態を知る上で第一級の史料である。

想えば、日本の学生運動は、戦後、全学連の結成を経て、一九六〇年の安保闘争、一九六八年から一九七〇年の全共闘運動・大学紛争で大きな盛り上がりを見せたが、その後は下火となり現在に至っている。筆者は、一九八一年に大学に入学したが、学生運動はすでに衰退して学内に見る影もなかった。その後、一九八八年、私立大学に事務職員として入職し、大学の年史編纂に関わったが、学生運動や大学紛争について、どのように大学の歴史のなかに位置づけ、記述すればよいか苦慮した。「大学が急速にマスプロ教育化し、これへの対応が遅れた社会・大学への不満により学生運動・大学紛争が激化したが、経済的好転と行政の助成制度の拡充、大学側の組織機構が整備されるにともない鎮静化していった……」などと説明してみたが、どこかしっくりとこなかった。

他大学の年史などを見ても、あまり記されておらず、なかには全く触れられていない場合も少なくなかった。当時の学生の回想、大学当局の記録なども、客観的なものといいがたいものが多いように感じられた。

学生運動・大学紛争が提起した問題――それに大学側は適切に対応し、乗りこえてきたであろうか――。そんな疑問を感じているうち、一九九一年の大学設置基準改正以降、急速な大学制度改革の波が押し寄せてきた。しかし、戦後の学生運動・大学紛争が提起した問題を総括できぬまま、行政も大学当局も右往左往しているように思えた。学生運動の反対により葬られたはずの理事会法や産学協同などが、不用意に復活しつつあるようにも感じられた。

その後も、専門外であるが、大学の戦後史に関する資料の蒐集を細々と続けてきた。なかでも、戦後復興期に発行された『学園評論』『学生生活』との出逢いは衝撃的であった。交通や通信の発達していない状況で、大学や地域を超えて学生たちが交流をもち、問題を深化させ、その解決を図ろうとしている姿勢は新鮮であった。今日の大学で、ほとんど失われた活動といってよいのではないか――。こうした学生の主体的運動がなぜ健全な発達を見なかったのか――。

そうした想いを懐きつつ、戦後、新制大学のあり方を再考することの必要性を提起する意味で、二〇一一年に『学園評論』『学生生活』を復刻したが、反響はまったくといってよいほどなかった。引き続き、『学生評論』の復刻も計画していたが、しばらく保留とせざるを得なかった。

今般、不二出版の船橋治会長から復刻のお話があり、『学生評論』に加えて、雑誌『季刊大学』『大学』も復刻する運びとなった。戦後大学史の研究は、とりわけ大学人が、専門領域を超えて取り組まねばならない課題であると信ずる。しかし、その検証作業の前提となる資料は散逸ししつつあり、公表も進んでいない。『学生評論』『学園評論』のような学生雑誌も分散と破損が著しい。このたびの復刻事業と本書刊行が、戦後大学史の研究発展の一助になることが願われる。

二〇二〇年　五月

中西 直樹

戦後学生雑誌と学生運動／目次

——『学生評論』『季刊大学』『大学』『学園評論』解説・総目次・索引——

第Ⅱ部　各誌総目次

第Ⅲ部　各誌索引

第Ⅰ部

解説

第一章　雑誌『学生評論』と創成期の全学連

はじめに

敗戦直後の日本は、兵役からの復員や外地からの引揚げなどで都市を中心に人口が急増したが、戦後の混乱や戦災による流通網の損壊などにより、配給制度は麻痺状態に陥っていた。特に食糧難は深刻をきわめ、東京・大阪などの大都市では毎日のように餓死者を出していた。

一方、出版業界では、出版取次を一手に担ってきた日本出版配給統制株式会社（日配）が、紙不足により開店休業状態に追い込まれていた。しかし、戦時中の言論弾圧から解放された状況下で、敗戦直後から粗悪な仙花紙を使用した雑誌が次々と復刊・創刊されるようになった。自由な表現と活字に飢えていた人々は、日常生活品にも事欠く状況のなかでも、先を争うようにしてこれら雑誌を買い求め、空前の雑誌ブームが到来した。

一九四五（昭和二〇）年一一月に戦後最初の総合雑誌『新生』（新生社）が創刊され、その創刊号は即日完売されたという。続いて『人民評論』（伊藤書店）、『民主評論』（民主評論社）などの左翼系雑誌も刊行されるようになり、翌四六年に入ると、『展望』（筑摩書房）、『世界』（岩波書店）、『人間』（鎌倉文庫）などの総合雑誌が相次いで創刊された。学生向け雑誌の創刊もはじまり、同年七月に『世代』（目黒書店）、一〇月に『学生評論』（学生書房）、翌四七年四月に

『季刊大学』（帝国大学新聞社出版部）、五月に月刊『大学』（大学文化社）が創刊されている。

これら四誌の内、『季刊大学』は学術雑誌としての色彩が強く、執筆者もほとんどが大学教員であり、同誌三・四号（一九四七年一〇月）の編集後記にも「総合的学術文化誌としての性格を深長させたい」と記されている。しかし、残る三誌には、学生の論文や寄稿文も多数掲載され、敗戦直後の学生の動向を知る上で重要な資料となっている。とりわけ『世代』と『学生評論』とは、学生自身の自主的編集により発行されていた点に特徴があり、『学生評論』は戦前に京都帝国大学の学生らにより刊行された『学生評論』の継承を標榜していた。戦前『学生評論』もまた、大学間の学生連絡網による編集体制が採られ、一九三六年七月から翌年六月まで刊行された。合理主義・ヒューマニズム・民主主義の立場からファシズムへの抵抗戦線をはった雑誌であったが、一九三七年一一月に人民戦線運動弾圧の第一歩として関係者が検挙されたことにより廃刊された（郡定也「学生文化運動の問題――『学生評論』の場合」〈同志社大学人文科学研究所編『戦時下抵抗の研究』Ⅰ、みすず書房、一九七八年〉）。

ちなみに、戦前の『学生評論』は、一九七七年に白川書店から復刻版が刊行されており、戦後創刊の『世代』も一九八〇年に日本近代文学館により復刻されている。今般、戦後『学生評論』にあわせて、『季刊大学』『大学』を復刻することとなった。

戦後の『学生評論』は、一九四七年五月に開催された滝川事件記念学生祭を機に復刊が企図され、翌四八年九月に全国学生自治会総連盟（全学連）が組織されると、その機関誌としての役割を担うようになった。ところが、一九五〇年以降、日本共産党（日共）の分裂が決定的になると、その影響が次第に全学連へと及び、全学連執行部の指導力が弱体化されるにともない、翌五一年五月発行の戦後通巻二七号を最後に廃刊となったようである。

この解題では、戦後『学生評論』誌面の変遷を、全学連を中心とする学生運動・学生動向との関連に主眼を置いて概観する。

一、『学生評論』の概要

『学生評論』の巻号構成　戦後『学生評論』は、一九四六（昭和二一）年一〇月から一九五一年五月に至るまで、約六年間にわたって刊行された。この間、敗戦後の日本は連合国軍最高司令官総司令部（ＧＨＱ）の占領下にあり、政治的・経済的な混乱が続くなかで学制改革も断行された。そうした状況下で学生を取り巻く環境も大きく変化しつつあり、『学生評論』には当時の学生が直面する諸問題や学生運動に関わる論説や寄稿文が多数掲載されている。つまり、『学生評論』は、戦後混乱期・学制改革期を代表する学生雑誌であったといえるであろう。

現時点で、以下のように、戦後『学生評論』二七号分が刊行されたことを確認しており、今回欠本の戦後通巻一七号を除いて、その全号を復刻した。

戦後通巻　一号（一九四六（昭和二一）年一〇月刊）三巻　一号
戦後通巻　二号（一九四六（昭和二一）年一一月刊）三巻　二号
戦後通巻　三号（一九四七（昭和二二）年　一月刊）四巻　一号
戦後通巻　四号（一九四七（昭和二二）年　三月刊）四巻　二号
戦後通巻　五号（一九四七（昭和二二）年　六月刊）四巻　三号
戦後通巻　六号（一九四七（昭和二二）年　七月刊）四巻　四号
戦後通巻　七号（一九四七（昭和二二）年　九月刊）四巻　五号
戦後通巻　八号（一九四七（昭和二二）年一〇月刊）四巻　六号
戦後通巻　九号（一九四八（昭和二三）年　一月刊）四巻　七号
戦後通巻一〇号（一九四八（昭和二三）年　三月刊）四巻　八号

戦後通巻一一号（一九四八〔昭和二三〕年　五月刊）　四巻　九号
戦後通巻一二号（一九四八〔昭和二三〕年　七月刊）　四巻一〇号
戦後通巻一三号（一九四八〔昭和二三〕年　八月刊）　四巻一一号
戦後通巻一四号（一九四八〔昭和二三〕年一一月刊）　四巻一四号
戦後通巻一五号（一九四八〔昭和二三〕年一二月刊）　四巻一五号
戦後通巻一六号（一九四九〔昭和二四〕年　一月刊）　五巻　二号
戦後通巻一七号　〈欠　本〉
戦後通巻一八号（一九四九〔昭和二四〕年　六月刊）
戦後通巻一九号（一九四九〔昭和二四〕年　九月刊）　新編集一号
戦後通巻二〇号（一九四九〔昭和二四〕年一〇月刊）　新編集二号
戦後通巻二一号（一九四九〔昭和二四〕年一二月刊）　新編集三号
戦後通巻二二号（一九五〇〔昭和二五〕年　二月刊）　新編集四号
戦後通巻二三号（一九五〇〔昭和二五〕年　三月刊）　新編集五号
戦後通巻二四号（一九五〇〔昭和二五〕年　六月刊）　新編集六号
戦後通巻二五号（一九五〇〔昭和二五〕年一〇月刊）　新編集七号
戦後通巻二六号（一九五一〔昭和二六〕年　三月刊）　新編集八号
戦後通巻二七号（一九五一〔昭和二六〕年　五月刊）　新編集九号

創刊当初は、戦前『学生評論』（一九三七年六月発行の二巻二号をもって終刊）を引き継ぐ巻号が表記され、同時に戦後の通巻号数が再刊〇号として併記されていたが、戦後通巻一四号から巻号表記に混乱が生じたようである。この戦後通巻一四号発行の二か月前に全学連が結成されており、同号には全学連初代委員長武井昭夫の論文（「転換期に立つ学生運動──その新しき発展」）が掲載された。発行所も学生書房から学生評論社に変わり、編集人も武井に近い全学連書記局の湯地朝雄に交代している。湯地は本号の編集後記で、全学連・学生運動との関係を強化する編集方針を表明している。

さらに通巻一九号からは編集・経営が全学連に完全に移管され、全学連書記局の責任編集となり、新編集〇号と戦後通巻号数が併記されるようになった。戦前からの通巻表記も消え、同号の編集後記には、「編集・経営共に全く面目を一新、従来の学評とは一応別個」であることが宣言されている。なお、本稿では以下に、戦後通巻号数を単に『学生評論』号数として表記する。

『学生評論』刊行時期の区分　『学生評論』の刊行は、敗戦のなかから学生自治団体の組織化が進み、やがて全学連が組織され、GHQの対日占領政策への反対闘争が活発に展開されるようになるまでの時期に重なる。占領初期のGHQは、日本の非軍事化・民主化政策を推進したが、『学生評論』刊行の直後の一九四七年二月、日共主導の二・一ゼネストに中止命令を出して以降、共産主義者の取り締まりへと対日占領政策を変化させていった。これに対して全学連は、GHQの対日占領政策への対決姿勢を先鋭化させ、そうした傾向は『学生評論』の誌面にも顕著に現れるようになっていった。

GHQの対日占領政策の変化とともに、『学生評論』の誌面の変遷に大きな影響を与えたのが、日共の組織的分裂であった。その分裂が全学連に波及するなかで、『学生評論』の誌面にも、全学連内部の執行部批判勢力への対応に関する記事が次第に増えていき、やがて雑誌廃刊に追い込まれていった。

『学生評論』の廃刊以降、学生運動が沈滞するなかで、その活性化を期して一九五六年六月に東大学生運動研究会により『日本の学生運動──その理論と歴史』が編集・刊行された。本書は、敗戦から武井昭夫ら創設期の全学連執行部が解任された一九五二年三月に至るまでの時期を次の三期に区分している。

（第一期）学園民主化闘争の時期（終戦～一九四七年末）
（第二期）日本学生運動の質的転換期（一九四八年～四九年末）
（第三期）反帝平和への全面的高揚の時期（一九五〇年～五二年二月）

本書を執筆したのは、当時東京大学に在学中であった門松暁鐘（廣松渉の学生時代のペンネーム）、中村光男、伴野文夫の三名であり、彼らは全学連創成期の「武井理論」への回帰を主張している。しかし、当の武井昭夫は、その「武井理論」なるものは全学連の伝統の正統なる復活とはいえず、「自分たちの実践を基にして理論を抽象し創造してゆこうとする原則的態度の喪失」が見受けられるとして、本書の内容を厳しく批判している（『学生生活』五巻六号、一九五六年八月）。もっとも、時期の区分に関して武井は、特に異論を唱えていないようである。

一方、学生運動に対処する警備警察官の新指針を示すため、警備警察研究会が一九五三年六月に編集・刊行した『学生運動〔警備警察叢書Ⅱ〕』は、一九五一年までの学生運動を次の三期に区分している。

（第一期）学生自治団体の組織化と青年教団同盟及び細胞の組織活動（一九四五年～四七年）
（第二期）全国自治会連合会組織の確立と学生政治活動の第一歩（一九四八年～四九年）
（第三期）日本共産党の分裂と学生運動の衰退（一九五〇年～五一年）

両書はともに、敗戦から一九四七年までを、学園民主化を掲げて学生自治団体の組織化が進んだ第一期とし、続く一九四九年までを、学生運動が政治運動へと質的転換を遂げる第二期と位置づける点では共通している。ところが、第三期に関しては、『日本の学生運動』が反帝・平和運動が一層高揚した時期とするのに対し、『学生運動（警備警察叢書Ⅱ）』は日本共産党の分裂が全学連に波及し学生運動が衰退しはじめる時期と見ている点で認識の相違があり、三期の終わりの時期も若干ずれる。しかし、『学生評論』はそれ以前に廃刊されており、廃刊に至るまでの時期区分は両書で一致している。

ついては、両書の三期区分を参考にしつつ、『学生評論』の廃刊後の一九五一年末までの時期をさらに次の八期に細分して、その誌面の変遷をたどることにしよう。

（第一期）自治団体組織化と学園民主化運動（一九四五年一〇月～四七年二月）
（第二期）主体性論争と学生運動の停滞（一九四七年三月～一二月）
（第三期）教育復興運動の進展と全学連創設（一九四八年一月～九月）
（第四期）政治運動への質的転換（一九四八年一〇月～四九年五月）
（第五期）弾圧強化と日共からの抑圧（一九四九年六月～一二月）
（第六期）日共対決姿勢の鮮明化と反帝運動の高揚（一九五〇年一月～五月）
（第七期）反レッド・パージ闘争と反対派の台頭（一九五〇年六月～一〇月）
（第八期）全学連の分裂と『学生評論』の廃刊（一九五〇年一一年～五一年一二月）

二、自治団体組織化と学園民主化運動（一九四五年一〇月～四七年二月）

社会科学研究会の再興　敗戦直後の一九四五（昭和二〇）年一〇月頃から、軍国主義教員の追放を要求する反軍国主義・学園民主化運動が、水戸高校・私立上野高女・物理専門学校（東京理科大）などではじまり、全国の学校に波及していった。

同じ頃、戦時中の報国団組織を改組して学生自治団体を結成する動きも起こり、翌四六年に入ると、学生自治団体の組織化が進んで、東京都で学生文化連盟・学生連盟結成準備会、名古屋市で中京学生連盟、京都市で京都学生連盟、福岡市で九州学生連盟など、地域的な学校間の連繋組織が結成されるようになった。同年二月九日には、東大で自治運動の統一を目指して「学生生活協議会」が発足し、東大・日大・商大（一橋大）・慶大・東京農大・明大・早大などの代表者が集合した。その運動目標は、研究文化活動の強化と自治会活動の統一して、学生経済生活の問題を解決することなどが主たる議題として取り上げられ、特定のイデオロギーを排除する傾向が強かったとされる（『学生運動（警備警察叢書Ⅱ）』六八頁）。

一方で、マルクス主義の研究サークルである社会科学研究会（社研）も、各大学で再組織されるようになった。戦前の社研は学生運動の中核的役割を担い、大正期には、大学・高等学校・高等専門学校（高専）の学生による社研の全国組織である「学生社会科学連合会」（学連）が組織されていた。学連は、新人会（東大）・文化会（早大）・建設者同盟（早大）・七日会（明大）・社会問題研究会（三高）などの社会主義思想団体が連合して、一九二二（大正一一）年に「学生連合会」として発足した。その後、社研の設立が地方へも波及し、東京連合会・関西連合会・東北連合会といった地域的連合組織も誕生した。一九二四年九月には、第一回全国大会が開催され、全国から二十三校の代表者五十六名が参集し、学連は「学生社会科学連合会」と改称された。以後、大阪市電争議応援活動・軍事教育反対闘争などの対外活動を展開し、翌二五年七月に第二回全国大会を開催した際に、学連所属の団体は七十余、会員は二千人に達し、「日本学生社会科学連合会」と改称した。しかし、同年の学連事件での弾圧を経て、さらに一九二八（昭和三）年、日本共産党員の全国的検挙が行われた三・一五事件に際し、文部省が社研への強硬な弾圧・処分方針を採るようになり、社研は解散に追い込まれていった（菊川忠雄『学生社会運動史』中央公論社、一九三一年）。

戦後、一九四五年一〇月に東京大学に社会科学研究所が発足した。二百名が参加して、浮浪者の生活実態の調査実施、社会科学の理論研究などの方針を決定した。その後、各地の学校で社研の設置が進んだ。東大社研はその中核的存在であり、翌四六年三月の「学生書房」設立の際にも主導的役割を果した。学生書房は、全国学生の要望に応じて教科書や良書を提供することを目的とし、四十一の出版社と提携して一括仕入れを行い、全国の学生に販売した。さらに出版部を設置し、『学生評論』ほか、東大社研の調査報告である『起ちあがる人々——壕舎生活者・浮浪者の実態調査』を刊行し、後に学術書などの出版も手がけた（「学生書房の頁」『学生評論』創刊号）。

同年五月四日、各大学・高等専門学校の社研の連合会議が早稲田大学で開催された。会議には、関東十四校が参加して滝川事件記念学生祭の開催等について討議し、さらに同月二五日に「関東学生社会科学研究連合会」（関東社研連合会）が結成され、その事務所を学生書房に置いた（『資料戦後学生運動』〈以後、『資料』と略記〉別巻年表、三一書房、一九七〇年）。関東社研連合会は、九月新学期開始とともに実動に着手し、委員長に田沼肇（東大）、副委員長に上西泰蔵（慶大）を選出、企画部・庶務部・会報編輯部・組織部・読書部・調査部を設置した。読書部会は信夫清三郎を講師に東大で隔週一回の『資本論』読書会を開催し、調査部は産業労働調査局・国鉄労働組合と提携して国鉄の実態調査を行うこととなった。加盟研究会は約三十校に及び、関西、九州、中京、東北、北陸、北海道の各地同志と連携して全国的連合組織の結成を目指した（『資料』一巻資料五四）。

こうして同年一〇月に『学生評論』は、東大社研を中心とする各学校の社研の連合体制により創刊されたようである。創刊号には、再刊の辞に続いて、経済学者で東大教授、後に総長も務めた大河内一男の「社会科学を如何に学ぶべきか」が巻頭論文を飾った。また同号掲載の「学生と社会科学研究」は、敗戦後の学生の新たな運動で特に注目すべきは社研であるといい、関東社研連合会が組織されて学生運動の中核体となりつつあること、京都・大阪・神戸・東北の学生の結集にも社研が主導的役割を担い、全国の大学・高専の約五十の社研が結束して組織的研究活動をはじめようとしていることなどが記されている。

『学生評論』創刊号には、東大・慶大・早大・日大・津田塾・東女大・京大・九大・名大・阪大の学生十三名で構成された学生評論編輯常任委員の名簿が掲載されている。そのなかには、関東社研連合会の委員長の田沼肇、副委員長の上西泰蔵、庶務部の黒須繁一らが名前を連ねている。

滝川事件記念学生祭　一九四七年五月二六日午後一時から、関東社研連合会の主催により、滝川事件記念学生祭が京橋公会堂で開催された。滝川事件は、一九三三年五月に京都帝国大学法学部の滝川幸辰教授が、その著『刑法読本』や講演内容が共産主義的であるとして文部省から休職処分を受けたことに端を発し、同校教授団・学生を中心に抗議運動が展開されたが、弾圧された事件である。

滝川事件記念学生祭は、戦前の一八三八年に京都で第一回が開催され、戦後八年ぶりに開催されることになり、京都でも呼応して同志社大学で京都学生連盟の主催により開催された。東京での記念祭には、都下二十校、大学・高専学生約一千名が参加した。鈴木東民（読売新聞社編集局長）、武谷三男（民主主義科学者協会）、羽仁五郎（自由学園）の記念講演があり、滝川事件関係者として菅原昌人、真壁貞男も講演した。この内、武谷と羽仁の講演内容は、後に発行された『学生評論』創刊号に掲載された。

また記念祭では、戦時中弾圧のために廃刊されていた『学生評論』再刊計画が提起され、その編集・刊行を在学中の学生らに委ねることが増山太助より説明された。増山は戦前の『学生評論』刊行に関わり、当時は読売新聞社の労働組合運動の指導的立場にあった。さらに記念祭では、教職員と学生の自治による学園の管理を訴え、官僚の教育干渉を学問の自由のために断乎反対するとともに、吉田首相ら保守反動政府の退陣と人民政府の樹立を要求することが決議され、翌二七日に決議文が首相、文相、社会党、共産党に手交された（『資料』一巻資料三八）。東大学生運動研究会編の『日本の学生運動』は、この滝川事件記念学生祭を「戦後最初の一校のわくを出た運動であり、また政治的スローガンを掲げた最初の運動」（二七一頁）と評している。

同じ頃、学生自治機関連合体設立の機も熟しつつあった。六月一二日、早くから学生自治委員会を発足させていた早稲田大学が中心となり、「学生自治委員会連絡会」第一回準備会が慶應義塾大学で開催された。学生自治委員会連絡会は、社研による学生メーデー参加を端緒として、東大・早大・慶大・中央大により各大学自治会委員会の連絡を図るため組織されたもので、①官僚的文部行政への反対・公私大学費への国庫補助の要求、②授業料値上げ反対・教職員待遇の改善、③学校経営の情報公開・私学経営の再建、④戦犯教授の審査追放・教授陣の強化、⑤勤労学生の身分保障、などが討議された（『資料』一巻資料四五）。

七月一九日には、「全国大学高専学生連合会関東支部」が組織され、関東地区四十数校の自治団体が参加して、第一回自治権確立学生大会を日比谷公会堂で開催した。さらに一一月一〇日には、明治大学講堂で「全国学生自治会連合」（自治連）として改組発足し、一二月一九日には、全国自治連総会が明大記念館で開かれ、統一学生大会の開催等を決定した（『資料』一巻資料七九）。また、これに先立ち一二月一三日には、早大生約六千人が私学の民主化、学生の救済を求めて国会デモを敢行し、石橋蔵相に封鎖貯金の解除等の決議文を手交した。戦後初の学生デモであったとされる（『日本の学生運動』一七一頁）。

自治連は、全国私大の連合組織の設立を企図していたが、地方大学の立ち遅れにより、東京を中心とする関東の連合組織に終わった。しかし、学生連合組織化が進み、学生運動が政治運動化の兆しを見せはじめるなかで、政府も警戒心を募らせていたようである。九月六日、田中耕太郎文相は、教職員学生の政治運動介入を禁止するとともに、政治活動を行う学生の処分を言明している。こうした状況のなかで、同年一〇月に『学生評論』は再刊された。『学生評論』には、地方学生との連携を深める役割も期待されていたと考えられる。同月一三日には、再刊を記念して滝川事件を題材に制作された黒沢明監督作品「わが青春に悔いなし」の上映会が、公開に先立って東京大学で開催された（『学生運動〔警備警察叢書Ⅱ〕』六八頁、『資料』別巻年表）。

再刊当初の『学生評論』　戦後は、社研だけでなく、日共の学内細胞や日本青年共産同盟（青共）が東京大学をはじめ各学校で組織されるようになり、これらは相互に連携して活動していたようである。しかし、『学生評論』への日共の影響はいまだ限定的であった。

一九四六年一〇月の創刊号巻頭の「再刊の辞」には、滝川事件の流れをくむ諸先輩創刊の戦前『学生評論』を引き継いで再刊するに至った経緯が説明され、戦前のファシズムに抗した諸先輩に学びつつ、民主主義革命の一翼を担うという創刊趣旨が記されている。『学生評論』には、反ファシズム・民主主義の理念のもとに幅広い学生層が結集、その再刊を支援した諸先輩にも多様な立場の者が含まれていたようである。

創刊当初の連載企画のなかでも特に目を引くものは、諸先輩の戦前学生時代の経験を記した手記である。創刊号から一〇号にわたって連載された「私の学生の頃」には、高島善哉（一号）、中野重治（二号）、宮本百合子（三号）、志賀義雄（三号）、渡辺多恵子（五号）、風早八十二（八号）、渡辺一夫（八号）、羽仁説子（九号）、野間宏（一〇号）らが、学生時代の回想文を寄稿している。連載企画とはされていないが、高村道太郎「旧『学評』創刊の頃」（四号）、小野義彦「学生無名戦士の思い出――永島孝雄のこと」（七号）を加えると、再刊当初ほぼ毎号に戦前期の諸先輩の手記が掲載されたことになる。その後も、「わたしの青春時代」という連載企画もあり、これには徳田球一（一四号）、真下信一（二三号）が執筆している。さらに大内兵衛、日夏耿之介、中村哲、渋沢秀雄、坂田昌一、伊藤律、扇谷正造、杉浦明平、今井登志喜、長野隆、本多静六、津田青楓、上野道輔、鮫島実三郎、壺井繁治、村山知義、矢島祐利、若杉慧、岡倉古志郎、秋元寿恵夫、出隆、阿部真之助、真島正市、鈴木東民、中西功、高津正道、嘉治隆一、湯浅年子、荒正人ら、各界で活躍する四十数人の手記を加えた単行本が『私の学生の頃』三集にまとめられ、一九四八年に学生書房から刊行された。

諸先輩の卒業後の動向を伝える連載企画もあった。一号から四号、七号にわたって連載された「先輩の職場報告」である。これには、増山太助（一号、新聞社）、田代正夫（二号、大学助手）、松岡盤木（三号、製鉄業）、柳瀬鉄也（四号、石炭産業）、松宮梓（七号、映画会社）が執筆し、各々の卒業後の就職先での活動状況が報告された。

創刊当初の『学生評論』の誌面には、前述のような諸先輩との連携を深め、その伝統を継承しようとする企画に加えて、学生自身の投稿や研究報告も多数掲載されている。一号から四号までの「我等の発言」と、それに続く六号以降の「スクラム」は、一般の学生読者からの寄稿文を掲載したものである。創刊号では「我等の発言！　全国学生諸君に開放する」として、学生読者の原稿募集が掲載されており、これに応じて、東大・日大・慶大・早大・津田塾・東女大・日女大・京大などの学生が寄稿しており、その内容は、学生生活やアルバイトなどを通じて感じた社会への矛盾、教育制度、女性の自立、選挙制度、医療問題、大学の自治、恋愛など様々な領域に及んでいる。三号の「編輯後記」にも、「学生評論を名乗るからには少くとも全紙面の半分を、学生諸君の労作を以て満したい」、「学生諸君の真剣な投稿が数を増してきた事も我々にとって非常にうれしいことである」と記されている。

学生の調査研究の報告や論文も創刊当初から多く掲載された。例を挙げれば、「岐路に立つ農村」（二号、慶大）、「労働組合分析の一断面」（二号、日大）、「農村民主化の一様相」（二・三号、東大）、「アメリカにおける婦人労働」（三号、東大）、「東大セツルメント医療部報告」（三号、東大）、「労働争議の弱体性」（三号、東大）、「中小工業史序説」（四号、東大）、「国鉄労働組合と国鉄再建の諸問題」（四号、東大）、「中小工業者性格と動向」（四号、慶大）、「兼農職工の研究」（五号、東大）、「夏の調査から」（八号、東大・日大）、「都市近郊一農村の医学的分析」（八号、阪大）、「島漁業の実態」（九・一〇号、慶大）、などであり、社研の研究報告が目立つ。『学生評論』の再刊には関東社研連合会が深く関わっており、一〇号には「社会科学を学ぶために（関東学生社会科学連合会一般方針（案））」が掲載され、社研活動の活性化に向けた方針が示された。しかし、それ以降では、一三号に関東学生社会科学連合会調査部の調査報告「近郊農村における資本主義的進化の一実例」が掲載された以外は、社研の研究報告の類はほとんど掲載されなくなった。

このほか、興味深い連載企画として、「学園新聞評」がある。すでに一九四六年前半までに主要な大学新聞が復刊されており、「帝国新聞」（七号）、「一橋新聞」（八号）、「三田新聞」（九号）、「早大新聞」（一〇号）の論評が連載されている。翌四七年一月に関東大学新聞連盟が、三月に大学新聞連盟が結成されており、そうした学生世論の高まりと大学新聞間の連携の進展が、『大学評論』の刊行を後押ししたと考えられる。

このように学生を中心とした多様な執筆者と、広い読者層を意識した編集方針が、創刊当初の『学生評論』の特色であった。ところが、こうした創刊当初の誌面の傾向は、一九四八年に入った九号（同年一月）くらいから変化しはじめ、全学連結成後の一四号（四八年一一月）刊行の頃までには、「私の学生の頃」「先輩の職場報告」「スクラム」などの連載はほぼ終わり、学生の調査研究の報告論文なども掲載されなくなった。代わって、誌面は学生運動に関する記事が多くを占めるようになっていったのである。

学生自治会連合の進展　一九四七年に入ると、学生自治会連合の組織化が一層の進展を見せた。前年に早稲田大学の呼びかけで関東地区の私大を中心に結成された自治連は、一月七日に全国的組織化に向けて第一回準備会を慶應義塾大学で開き、さらに同月一九日開催の第二回準備会において、一月三一日「関東大学高専連合学生大会」開催を決議した。

当日、皇居前広場で開かれた大会には、四十校、約三万人の学生が集結し、「学園の民主化」と「学園復興」の二大スローガンを掲げ、①学生意思を反映した学校復興会議の設置、②教員資格審査機構の改善、③引揚げ学生の転入学保障、④教職員待遇改善とその補助金計上、⑤学生定期券使用禁止等の非常措置への反対、⑥教育財団の封鎖貯金の即時支払い、⑦第二封鎖貯金による学校への寄付承認と免税の実施、⑧校舎復興・施設整備への資材等の斡旋、⑨教育財団への国庫補助・無利子貸付の実施、⑩戦災復興資金の官私学の差別撤廃、⑪学生新聞への確実な用紙配給の十一項目の要求を決議した。大会後、十七校有志によるデモ行進に移り、早大ブラスバンドを先頭にプラカード・学旗を掲げ、警視庁前から文部省を経て皇居前にて散会した。また、この大会では政治性の排除を宣言し、吉田内閣打倒を目指す労働者階級による二・一ゼネストとも無関係であることを標榜していた。（「スクラム　学園民主化の旗はたかく」『学生評論』七号、『資料』一巻資料八四）

『学生運動〔警備警察叢書Ⅱ〕』は、この大会を次のように評している。

政治的な要求活動は少なく、専ら経済的なスローガンが多いことは、必然的に政治活動、社会運動としての色彩の薄かったことを示すものであり、運動としては自主的な、しかも健全な運動形態を保ち得ていたといい得る。（六九頁）

これに対し、大学生運動研究会編の『日本の学生運動』は、この時期の学生運動を「学生の本分は踏外さない」運動であったという点で、「非政治的」であったと総括し、関東大学高専連合学生大会についても次のように批評している。

二・一ストの偉大な高揚のなかで、しかもその前日開催された大会でありながら、「学園の復興」と「民主化」の線をかかげたにとどまり、吉田内閣打倒の決議はおこなわれなかった。さなきだに、二・一ストとの無関係、政治性の排除をとくに宣言する始末であった。この一事は当時の学生運動の限界を象徴している。（一七一〜一七二頁）

両書は、当時の学生運動を「健全」と見るか、「限界」を指摘するかで見解が分かれる。しかし、いずれも、この時期の学生運動を「非政治」的と考える点では共通しており、そうした傾向は、『学生評論』の誌面にも反映されていた。当時の『学生評論』には、「政治的」学生運動の実施を呼びかけるような論説や記事をあまり見ることはできない。

一方で、一九四七年には、こうした私大の組織化に呼応して、国立大の自治会も漸く全国組織に発展する気運を見せはじめた。同年二月一二日、東京大学で第一回「全国国立大学学生会議」が開かれ、学生自治会の組織化が検討され、六月二一・二二日に京都大学工学部会議室で開催された第二回会議では、各大学の学生代表約三十名が参加し、全国組織化に向けて努力することが申し合わされた。そして、一一月一九日から二二日まで京大で開かれた第三回会議には、全国十三校の代表三十名が参加して学生戦線の統一促進を決定し、最終日に「全国国立大学学生自治会連盟」（国学連）が結成、連盟規約等が決議された（『資料』別巻年表、『学生運動（警備警察叢書Ⅱ）』六九～七一頁）。

こうした国立大で組織する国学連の動きは、翌四八年に入ると、私大を中心とする自治連と結びつき、九月に全学連が結成され、学生運動は新たな展開を迎えることになるのである。

三、主体性論争と学生運動の停滞（一九四七年三月～一二月）

主体性論争とは　東大学生運動研究会編の『日本の学生運動』によれば、一九四七（昭和二二）年は学生自治会連合の組織化が進展した一方で、学生運動が停滞した時期とされる。

同年一月三一日、二・一ゼネストがＧＨＱの出した命令により中止となり、内務省は以後個々のストも取り締まる旨を通牒した。一月三一日開催の関東大学高専連合学生大会は、二・一ゼネストとの無関係を標榜していたが、学生運動に対する取り締まりも強化され、二月七日に占領軍民間情報教育局（ＣＩＥ）は、「民主主義の実験室としての学生自治の問題」なる覚書を発表して、学生が「自治の実験」の枠を超えて学校行政に容喙することはまかりならぬと言明した。そして、この直後に、早大・立教大などで左翼的教授の講座が突如中止となる事件などが起こった（『日本の学生運動』一七二頁）。

その後、四月の総選挙で社会党が第一党となり片山内閣が成立し、五月に新憲法が発効、農地改革も進展し戦後改革が一段落するなかで、学生運動も年末まで沈滞期に入ったとされる。『日本の学生運動』は、沈滞の原因として、①ブルジョア民主主義が確立されたことに満足し、革命的高揚を嫌悪したこと、②そうした日共方針の誤謬により学内細胞が弱体化したこと、③文学界を皮切りとして哲学界を風靡した主体性論争の三点を挙げている（一七二〜一七三頁）。特に主体性論争（エゴ論争）は、東大日共細胞に大きな打撃を与え、この論争への対応をめぐる問題によって、同年一二月に日共から解散を命令された。主体性論争は、その後の学生運動を二分するあり方を象徴する出来事であったともいうことができ、論争は『学生評論』の誌面にも少なからず影響を与えた。

主体性論争は、荒正人・平野謙・小田切秀雄ら雑誌『近代文学』（一九四六年三月創刊）同人らによって提起された。論争では、『近代文学』同人らの個人の「主体性」の自覚を強く求める主張が、客観的歴史法則を重視するマルクス主義理解に鋭い批判を加えることになり、やがて論争は哲学や歴史学などの分野にも及んで一九四九年頃まで議論された。

この「主体性」の自覚を求める主張を学生間に提起したのが、当時、東京大学文学部哲学科に在学中で、東大日共細胞の文学部班キャップ（責任者）の渡邉恒雄であった。渡邉は、主体性論争を「民科（民主科学協会）、共産党の哲学者、共産党でない左翼の哲学者、たとえば松村一人、真下信一、鶴見和子、荒正人のいた民科哲学部会というところで起こした」と回想している（『渡邉恒雄回顧録』中央公論新社、二〇〇〇年、四五頁）。

また渡邉は、「新人会」という団体を組織して「主体性」確立を求める運動を広く学生間に呼びかけた。その主張は、当時、二・一ゼネスト中止により学生活動家にも挫折感が広がっていたなかで大きな反響を呼び、東大ほか数校に同志を獲得したが、東大日共細胞に深刻な内部対立を巻き起こす結果ともなった。

渡邉恒雄と全学連世代　渡邉は戦後すぐに日共に入党したが、当初から党の体質に違和感を覚えていたようであり、当時のことを次のように回想している。

終戦の年の暮れに代々木の共産党の本部に行って、入党の申し込みをするんです。なぜかというと、とにかく悪いのは天皇制と軍隊だと考えているわけだ。この二つを叩きつぶすためにどうすればいいか、それが共産党だと思った。東大に行くと各党のビラが貼ってある。しかし自由党、進歩党から社会党にいたるまで天皇制護持なんだ。天皇制打倒と書いてあるビラは共産党だけなんだよ。それで僕は頭にきて共産党しかないと、のこのこ代々木の日本共産党本部に行ったんだ。そうしたら本部の中の柱に、「党員は軍隊的鉄の規律を厳守せよ」と書いてある。これじゃあもうひとつの軍隊じゃないかと思ったが、もうきてしまっている。（『渡邉恒雄回顧録』四三頁）

渡邉の党の体質への違和感は、二・一ゼネストの際に決定的なものとなったようである。二・一ゼネストに際して、某党員から変電所の爆破指示を受けたときのことを、次のように語っている。

「電源を爆破すれば日本中は向こう五年間暗黒になる。向こう五年間暗黒になれば、人民は飢える。人民は飢えたときに一番利口になる。人民が利口になったときに初めて革命ができる。だからそのために人民を飢えさせろ」。こういう論理なんだよ。飢えをつくれというけど、そうじゃなくても飢えているんだから、ひでえことをするもんだなと思った。（『渡邉恒雄回顧録』四四〜四五頁）

『渡邉恒雄回顧録』によれば、これ以外にも、一九四七年九月に甚大な被害を出したキャサリン台風に際して、徳田球一が「しめた」と手を打って「これは天与の革命のチャンスだ」と話したとされ、渡邉は「普通の常識では理解できないですよ。共産主義というものは。」と述べている。

党への不信感を募らせた渡邉は、一九四七年三月中旬、東大細胞会議で、党の指導指示通り動き回る「馬車馬的行動主義者」を批判し、党の規律より個人の主体性を優先すべきことを提唱した。その後、改選の結果、東大細胞は、上田誠吉をはじめとする法学部・経済学部の執行部から渡邉を中心とする新指導部へと移行した。しかし、その指導方針に、新入生であり後に全学連を執行部となる沖浦和光・力石定一・武井昭夫ら（全学連世代）は不満を唱え、両者の対立は激化していった。当時のことを沖浦和光は、次のように回想している。

〔四月の第一回東大細胞総会で――筆者注〕「エゴ論争」「主体性論争」が細胞の主要議題で、実践的議題は殆んどなくて、主体性獲得のための哲学論議が先行する。（中略）荒廃した教育をどう立て直すか、アルバイトで追われて生活苦のなかで拡散している学生をどう組織化するか、といった多くの課題が山積しているのだが、それらは全部後廻しということになる。そこで日本革命の戦略構想、学生運動の基本路線をどう考えるのか、というところから、学生大衆の要求の政治的組織化からはじめて文化サークル主義的偏向を是正せよと、迫ったわけです。（中略）

ダラダラとした会議が続き、一年生もだんだん嫌気がさして出てこなくなる。それで力石や私それに辻、滝、広岡君といった関西勢と高橋英典らの一年生がなんとなしに集まりだした。（中略）六月から顔を出した武井、湯地君らの東京勢も新たに加わった。結局それで十月には一年生と上級生の対立が細胞指導部の選挙で明確な対立となってあらわれ、一年生の方がヘゲモニーを握るということになった。（中略）われわれの主張は、「主体性」「エゴ」の確立を唱えながら実際は、「非主体的行動」、非実践主義へと逃避しているのではないというところにあった。（中略）

今から考えればわれわれの方がより若いゆえの〝戦後性〟をもっていたし、戦争の〈暗い谷間〉というジメジメしたものとある点ではフッ切れていたからより行動的だったといえるでしょう。もちろん、そこには自己形成がかなりつま先立った形で行われたという問題点も残るわけですが。（安東仁兵衛『戦後日本共産党私記』文春文庫、一九九五年、一八七～一七八頁）

沖浦が指摘するように、軍隊経験を踏まえ、理不尽な環境下に置かれても揺るぎない「主体性」の確立を求めた渡邉恒雄と、戦後の開放的な雰囲気のなかで、社会変革に向けた実践を追求した沖浦らとは、世代的な意識の違いもあったのかもしれない。また、沖浦が、後になって「主体性」確立の問題を軽視したことを認めるような発言をしていることは興味深いものがある。

新人会の設立と主体性問題をめぐる座談会　一九四七年九月、新入生からの突き上げを受けた渡邉は、「主体性」確立を求める運動を起こすため、新たに「新人会」という組織を立ち上げた。渡邉は、新人会を設立した趣旨を次のように述べている。

私は異なる人生観世界観を持つ青年達が――クリスチャンも唯物論者も共に――相互の立場を持ちつつそれぞれのイデオロギーを学び合い、時には激しく論争しながらも、社会変革の方向に於ては一致した実践運動を展開するような生活共同体として新人会を考えたのであった。（「東大細胞解散に関する手記」〔『資料』一巻資料九七〕）

渡邉は、党の枠を超えて、宗教家なども含め幅広い人々の結集を構想したようである。また、九月一日に発表された新人会綱領には次のように記され、党の指導通り動き回る「馬車馬的行動主義者」を改めて批判した。

新人会は新しい人間性の発展と、主体性の確立を目指し、合理的且平和的な社会の改造を推進しようとするものである。故に会は人間性の自由な発展を妨害するあらゆる封建的反動傾向を打破すると共に、公式的極左主義を克服し社会正義と真理の旗の下に結集する。（『資料』一巻資料九七）

渡邉によれば、八月中旬の東大細胞の指導部会議で新人会の設立が提唱され、全会一致で承認されたという。たちまち東京大学内に百余人の同志を得て、さらに東京・農大・中央大・女高師（お茶の水女子大）・東女大等で支部設立の動きが活発化した（「東大細胞解散に関する手記」）。しかし、これに対する全学連世代の学生からの反発も強まった。前述の沖浦の回想に記されているように、渡邉は一〇月には東大細胞指導部からの退陣を余儀なくされた。そして、全学連世代の学生らと日共指導部は、渡邉を「共産主義社会の成功的建設のための自覚的規律によって結ばれた鉄の団結を意識的にみだす反党的日和見主義分子」とのレッテルを貼り、新人会を「非主体的行動」を「主体性の確立」という観念にすりかえて恥じない「解党派」とみなしたのであった（『資料』一巻資料一一八）。

こうしたなか、『学生評論』九号（一九四八年一月）に、座談会「主体性の問題をめぐって」が掲載された。発行は一九四八年であるが、座談会が行われたのは、前年の一〇月一二日であった。この座談会では、司会の松尾隆ほか、主体性論者側から荒正人と真下信一、マルクス主義者側から森宏一と山崎謙が出席した（小田切秀雄・岩上順一は都合により欠席）。一方、学生側からは、渡邉恒雄、『学生評論』編集人の松本敬之助（慶大）のほか数名が出席したが、座談会で目立つのは、松尾と渡邉の意見の衝突であった。主なやり取りを抄出すると、以下の通りである。

（渡邉）戦争中狂信的にファッショの手先として振舞つていた者が今はマルキストになつている。そう云う人に自己変革の過程をもう少し厳密にやつてほしいと思うんですが、それが殆んどインチキなんだ。

（松尾）特に渡辺君がマルクス主義には主体性がないということを盛に云い、主体を入れることによつてレーニン的段階を一歩高めるということをよく云つているが、マルクス主義に主体性がないということを断定することはどうでせう？（中略）そうしたものがないと断定してレーニン的段階を云々することはマルクス主義に対する一種の誹謗だと思うんです。

（渡邉）マルクス・レーニンの場合は、向うの、その時代その社会に於いて当面した問題に制約されていて、日本で我々が現在問題にしている主体的真実というようなものには直接触れていない。（中略）それは当然の事で、今新しく直面している問題は我々が全く新しい仕方でとりあげ解決してゆくまで未解決だと率直に認めるべきです。（松尾）問題の立て方が少し変だと思いますね。何故なら自分の考えている主体性の問題を直接マルクスやエンゲルスの言葉の中にさがそうとすることはマルクス主義を処方箋扱いすることで、我々はその精神こそを正しく汲みとつて創造的に発展せしむべきです。（中略）「資本論」全三巻の、あの革命的な情熱こそ、自己と歴史とのギャップを埋めようとする、我々の自己変革の精神的基調で、これをぬきにした主体性の問題は明かにマルクス的段階からの一歩後退です。

渡邉が、党の体質に不信感を覚え、教条的なマルクス主義理解の克服を説いたことは意義なしとはいえないだろう。しかし、単にその方向性が「主体性」の確立に向けた論議の活性化という抽象的な提言にとどまるとすれば、党員としてマルクス主義者として、政治的活動を推進してきた側には、にわかに受け入れがたいものであったことも当然であっただろう。松尾は、早稲田大学で教授として教鞭をとる一方、戦後直後の学生自治権確立運動に大きな影響を与え、「学生運動の蔭の指導者」といわれた人物であり、宮本顕治に近い党員でもあった（『松尾隆――早稲田の疾風怒濤時代を駆け抜けた一教師』松尾隆教授記念行事会、一九八六年。増山太助『戦後期左翼人士群像』柘植書房新社、二〇〇〇年）。両者の議論が平行線をたどったのも、当然であったといえるであろう。

渡邉恒雄の挫折　座談会のあった一週間後、渡邉は真下信一に手紙を送付している。そこには次のように記されている。

あの悪意に満ちたベルジャーエフ流の誹謗も除き難く私の耳に残るのです。大衆はまさに動物ではなくて人間なるがゆゑに本来宗教的不安を抱いて居り、そのゆゑに一つの目的、一つの意志を持った全体的組織の一環として自己を献身する時、そこで大衆の個々の宗教的不安は解消する。共産主義はかゝる仕方に於いて大衆の宗教的不安を処理し解決している……。勿論この種の悪意ある誹謗を受ける必要はないにしても、全体の献身が個の主体的自覚を通しては行はれ難い此の国の人々のぬきがたい後進性は、充分謙虚な反省と努力を我々の間にも要求するでせう。（中略）
科学性の要求のみを一面的に掲げ、主体性の要求にすべて観念論的主観主義のレッテルを貼りつけてしまふ傾向の強いのはどうしたわけでせうか。（中略）さうした立場こそが却って、ベルジャエフの誹謗が該当してしまふやうな前近代的速成唯物論者を安易に育ててしまひ勝ちだと思はれるのに（真下信一・渡邉恒雄「世代の対話」『人間』三巻一号、一九四八年一月）。

この一節から、渡邉が反共産主義者であるベルジャーエフの主張に共感を覚えはじめ、党の体質への不信感から、マルクス主義そのものへの疑念へと向かいつつあったことを読みとることが可能ではないだろうか。もはや、党内にとどまりながら、渡邉が「主体性」確立の論議を呼びかけることは不可能であったろう。
座談会から一か月ほど経った一一月一五日、渡邉糾弾のための細胞懇談会が代々木の党本部で開催された。懇談会には、宮本顕治中央委員、山辺健太郎統制委員、渡邉・沖浦ら十名ほどの東大細胞所属学生が出席した。渡邉には、①反共労働運動家の三田村四郎から資金を得ていたこと、②社会党右派の河野密らとも通じ資金提供を受けていたこと、③党の文書を本富士警察署に譲渡していたことの嫌疑もかけられていた。これについて、渡邉は①以外を否定し、三田村から新人会に寄付を受けたが、その活動に何ら三田村からの指示を受けていないと主張している。しかし、この懇談会で渡邉は、十人近くの「極左派の諸君」が取りまき罵倒するなかで、宮本中央委員、山辺統制委員に詰問されたという。その結果、新人会綱領の「公式的極左主義」の文字は「反共宣言」として削除、さらに新人会支部の解散を命じられた（「東大細胞解散に関する手記」）。

党本部から実質的な活動の停止を命じられた渡邉は、一二月七日に開かれた東大細胞総会で脱党届を提出し、無条件受理が決定した。同時に除名案も審議されたが、除名に賛成する者は二十七、反対二十六、棄権三で否決された。除名案が否決されたことからも、なお渡邉を支持する者が多かったことがうかがえる。しかし、党の上級機関は、この除名案否決を不満とし、一二月一八日に細胞全員を代々木の党本部に召集し、東大細胞の解散命令が下された（「東大細胞解散に関する手記」『資料』一巻資料九七）。

学生運動の二つの方向性　主体性論争をめぐる東大細胞の対立は、その後の学生運動を二分する方向性を暗示するものとしても興味深い。東大学生運動研究会編の『日本の学生運動』は、学生運動に「日常闘争主義」と「政治闘争一本槍主義」の二つの方向性があることを示して、この両者の対立は、「個々の闘争をめぐる方針の対立ではなく、根本的思想的対立」であるとしている。

また、『大学』四号（一九四七年九月）には、「学生運動の展望」と題して開かれた座談会が掲載されている。この座談会には、森戸辰男文相を囲んで、渡邉恒雄ら八名の男女学生が参加していた。開催時期は明記されていないが、発行の一、二か月前、渡邉と全学連世代の学生との対立が表面化しはじめた時期であったと推察される。冒頭で司会者は次のように述べている。

（司会者）学生運動と一口にいっても具体的には何を指すのかという事ですが、一つには学生の学内生活の向上という運動即ち、文化活動だとか自治組織だとか、協同組合だとかそれからもう一つは学生の社会運動即ち特定の政党に所属するとか、今行われて居る様に政府に対して一個の団体として要求を提出するとかいうもの、この二つの問題があるのではないかと思います。

ここでも学生運動に、学生生活の向上に関わる運動と、特定の政治的立場にもとづく運動との二方向があると指摘されている。もちろん、この両者が単純明快に区分できるかは疑問の残る点であるが、注目すべきは渡邉が、この座談会で次のように述べている点である。

（渡邉恒雄）最後の問題になつたようですが、森戸先生が、いわれた二つの行き方。一般社会人として運動をやるか、或いは学生としての限界でいくのか。これは僕の考えでは学生の限界でやらねばならぬと思う。それを廃すると多くの学生がついて来ないし、経済運動そのものが失敗する。そういう意味で学内政治化になるのではなくて、学生としての限界内でやるということを希望するのです。

渡邉は、学生運動を政治化させることを否定し、あくまで学生としての立場を堅持して運動していく必要性を強調している。こうした考えに至ったのは、一九四七年一月三一日開催の関東大学高専連合大会等での自身の体験を踏まえてのことであったようである。渡邉は次のように発言している。

（渡邉恒雄）関東連合学生大会でも、それをやつた時に東大では僕達が六千枚ビラをまいた所が参加は僅か五十人位です。委員会でも三時頃から九時頃迄激しく討論したがその結果趣旨としては賛成だ、官私学差別撤廃も賛成だ、然しああいった所に出て行くのは嫌だ、デモなんかはもう真平だ、というわけで結局五学部賛成で四学部反対、実際に決めても学生は動かないのです。これはどうしても主体的に学生を捉えて動かして行かなければならぬ。その為には学生の自治の備つて居る組織と結びつかねばならぬ。そういう意味で我々も今迄と違った委員活動をやつて行かねばならぬと思う。協同組合とか文化協力委員会とか学部振興委員会とか三つ程あるが、そういつたものに働きかけて行くとかいう風にしなければならぬが然しそれでももう全然動かなくなつて来ているのです。

この座談会の直後から、渡邉は幅広い学生の結集を目指して新人会活動を企図していった。しかし、そうした学生運動の方向性は、プロレタリアート闘争の同盟軍に学生を層として参加させることを意図した武井昭夫を中心とする後の全学連グループの方針とは相反するものであった。そして、翌四八年に入り、ＧＨＱ占領政策の「逆コース」が顕著になると、大学運動は急速に政治運動化していった。

一般的にいって、政治的緊張の高まった状況下で、明確な闘争方針を示した政治的行動は、多くの賛同を得ることが可能となろう。しかし、一定の政治的な成果を収め政治的緊張が緩むと、先鋭的な政治活動は大衆の支持を失い、日常生活の問題へと多くの人々の眼が向くことになるであろう。「日常闘争主義」と「政治闘争一本槍主義」とを二元的に考える発想からは、その対立を乗り越えることができず、両方向性への揺り戻しを繰り返すことになる。そのなかで学生運動の伝統は継承・蓄積されず、やがて衰退していったといえるのではないだろうか。

四、教育復興運動の進展と全学連創設（一九四八年一月～九月）

学生運動の復調　停滞した学生運動は、一九四八（昭和二三）年に入ると、一転して活発な様相を呈しはじめた。『学生運動〔警備警察叢書Ⅱ〕』は、このことについて次のように記している。

> 第一期における学内細胞並びに青年共産同盟の活動が、完全な学内団体として活発に活動できなかったのは、当時の客観的な情勢もさることながら、学内における学生の政治的虚脱と無関心さに起因するところが多かったのであるが、一九四八年に二月頃より漸次この状態は克服され、授業料値上げ反対運動の過程を契機として完全に政治的意識を取り戻し、全学連の全国統一組織を確立するに至った。（八八～八九頁）

学生運動が再び高揚する直接の契機となったのが、授業料値上反対闘争であった。同年一月、文部省と大蔵省との間で、四月の新会計年度から官立学校の授業料を二倍から三倍の値上げについて調整中であることが明らかとなった。私学連合でも五割内外の値上げを決定し、文部省に通知したことが報道された（同年一月二四日付『朝日新聞』朝刊）。当時、復興インフレにより生活費がかさむなか、授業料の大幅値上げは学生にとって深刻な問題であった。

すでに前年の一九四七年一二月には、国立大学の地方移譲反対運動がはじまっていた。同月五日にＣＩＥは、地方教育委員会法案を発表し、同月二八日までに文部省が答申を出すことになった。この案では、地方分権の促進を名目に、文部省行政権の一部を地方教育委員会に委譲するとされており、十国立大（既存七帝大及び新設帝大）を除く国立大の地方委譲が主張されていた。この案はアメリカの州立大を意識したものであったが、アメリカと比べ地方財政基盤が脆弱な日本において、大学経営が地方に委譲されれば、財源不足に陥り大学が崩壊することが危惧された。このため二六日、首相直属の諮問機関である教育刷新委員会が、国立総合大を除き大学を全面的に地方に移譲することは不可能との見解を示し、同日に大学基準協会も移譲案への反対意見を発表した。

一方、地方委譲の対象となる東工大・文理大（東京教育大）・東商大（一橋大）・千葉医大では、同月二三日に各自治会代表により四官立大学学制対策実行委員会が発足して反対運動に着手した。翌四八年一月二二日には、この四大学の実行委員会と国学連・関東自治連が「教育制度改革実行委員会」を結成させた（『資料』一巻資料一一七）。学制改革の実施をひかえて、国立大系の国学連と、私大系の関東自治連が連携する動きが加速した。その動きは地方にも波及し、二月一日に、関西大学で関西自治連の結成大会が開催され、五十校が参加して大学地方移譲問題などを討議した。

こうしたなかで発表された公私立授業料の大幅値上げは、一層の学生運動の高揚を促し、国・私立大の学生の連携強化へと結びついていったのである。

授業料不払い運動とＢＴ案反対運動　一九四八年二月九日から一二日までの間、国学連第二回大会が東京大学で開催され、授業料・国鉄運賃の値上絶対反対、育英資金の拡充などが主要項目として議論・決議された。また大会期間中の二月一〇日には、関東自治連・国学連・日教組との共催により、早稲田大学の大隈講堂で教育復興関東学生大会を開催し、大学の地方移譲・官公私立大学の授業値上げの反対等を決議し、広く共闘を呼びかけた（『資料』一巻資料一一九、同書別巻年表）。

一九四七年一二月に解散となった東大日共細胞も、翌四八年一月三一日に再建され、学生運動の一翼を担った。後（五〇年三月）に日共全学連中央グループが作成した「最近の学生運動――全学連意見書」は、当時のことを次のように記している。

全体として右翼的偏向に陥り、このために学生運動の中核をなしていた東大細胞は、四七年一二月に遂に解散の已むなきに至ったことは周知の事実である。しかし、この右翼日和見主義に対する党内闘争を通じて、同志宮本賢治統制委員会議長の明確なポリシェヴィキ的指導は、学校細胞内の右翼日和見主義的偏向を克服して行ったと同時に、党中央の指導性を組織的にも理論的にも学生層の中に確立していった。こうして、四八年二月には再建された東大細胞を中心に、学生運動は急速に立ち直りを示しつつあった。（『資料』一巻資料四）

授業料値上げに対しては、四月八日に国学連書記局会議が授業料「不払い態勢」の確立を決議した。これを受けて四月二一・二二日の両日には、東大自治会が授業料値上げ反対について学生の世論調査を行い、その結果にもとづいて授業料不払いを決議、有光次郎文部事務次官に「授業料不払決議文」を提出した。この運動の中心的役割を果たしたのが東大細胞であり、その後、授業料の不払い運動は全国の大学・高専へと波及していった。四月二八日に東大で開催された国学連代表者会議では、授業料の値上げ撤回・不払い態勢が決議され、三〇日に決議文を文相・蔵相に手交して文部省との交渉に入った。しかし交渉は決裂し、五月二〇日、文部省は国立大学・高専の授業料三倍値上げを通達した。授業料値上げ運動は失敗に終わったが、分割払い・納期延納・学割の無制限発行・育英資金の増員増額などを実現させ、全国の幅広い学生の結集を促す結果となった（『資料』別巻年表、『学生運動〔警備警察叢書Ⅱ〕』七六～七七頁）。

一方、大学地方移譲案問題については、三月二日に大学基準協会が代案として理事会案（ＢＴ案）を発表したことで新たな展開を迎えることとなった。この案は、米国での大学の理事会制度を参考とし、各学校に理事会（Board of Trustees）を置き最高権限を付与するというものであった。四月九日には、教育刷新委員会が中間報告「大学の自由及び自治の確立について」を発表した。この報告では、大学の自由と自治を守るため、教育及研究については教授会の審議に委ね、別に国立大の自治的経営の有効化のために学外の学識経験者を加えた商議会を設置するとしていた。

これに対して、同年六月に国学連書記局が作成した「教育制度改革をめぐる諸問題」（『資料』一巻資料一三八）は、教育刷新委員会の商議案について、一見、大学の自由と自治を配慮したようだが、大枠で理事会案と変わらないとした上で、理事会案が導入された場合の問題点を指摘している。それによれば、第一に、米国ＢＴのメンバーは実業家・銀行家が過半を占め、その発言力が強い。日本において導入されれば、地方の実業家と官僚が大学運営の実権を握り、大学の自由と自治が蹂躙される可能性がある。第二に、理事会案は本質的に地方移譲であるため、大学が財政的に崩壊することが危惧される。第三には、私大では経営難により、資金提供と引き換えに米国の宗教団体に支配される事例が起きつつあり、理事会の権限が強化されれば、日本教育の植民地化が進む恐れがある。総じていえば、「理事会案はアメリカに於てすら民主的に運営されているとは言えない。まして社会的歴史的現実の異る日本に於て冷静に考えれば現実に危険な案であると言わざるを得ない」と結論づけている。

さらに「教育制度改革をめぐる諸問題」は、教育刷新委員会・大学基準協会・文部省・ＣＩＥの各々の思惑が入れ乱れ、教育行政が密室で非民主的に行われつつあることを批難している。これに関して、戦後五十年を経て大﨑仁が同じようなことを述べていることは興味深い。大﨑は、一九五五年に文部省に入り、大学課長・高等教育局・文化庁長官等を歴任して教育行政の中枢に関わってきた人物であり、占領下で断行された高等教育改革について次のように指摘している。

この改革により、明治以来形成されてきた日本の大学・高等教育システムは、激変にさらされることになった。敗戦等により他国の支配下に置かれた国は多いが、植民地化された場合は別として、一国の精神的支柱である大学が、このように根本的変革を受けたことは、ほかに例を見ない。しかも、問題はその変革を推進した主体や変革の過程が不明瞭なことである。これだけの大変革を、誰がどのような過程で、どのような決断をし推進したのか、その多くは霧に包まれている。

その主な原因は、日本政府を間接統治下においた占領軍が、占領政策を、一方では日本政府を通じて、他方では日本側関係者の「自主的」動きを指導・支援して遂行するという手のこんだ手法をとったことによる。それは、結果として責任者不在の変革となり、占領軍を含めて、誰もが望まず、誰もが不満な大学を生み出すことになった。以後、日本の大学はその後遺症に悩まされ続け、大学改革が口にされないときはなかった。（大﨑仁『大学改革１９４５〜１９４９』有斐閣選書、一九九九年、二〜三頁）。

教育復興学生蹶起大会と六・二六闘争　占領軍と日本政府の新学制改革が迷走を深めるなか、それに対する批判も強まった。当時、日教組が「賃金闘争」から「教育復興闘争」に向いつつあり、これに呼応して、一九四八（昭和二三）年六月一日に関東自治連・国学連の主催による「教育復興学生蹶起大会」が日比谷音楽堂で開催された。

この大会では、六十数校二万人が参加し、教育復興宣言、大会決議を満場一致で採択した。教育復興宣言では、「教育の現状は一般の経済的政治的危機を反映して最近急速に悪化し、我々の学問と学園は崩壊の危機に瀕している」「民主的平和国家建設のために脅威宇久の危機を自らの手により復興せんと誓うものである」といい、大会決議文には、私学への国庫補助、授業料値上・強制寄付絶対反対、戦災学校の復旧資金増額、運賃値上反対、理事会案反対、学内の政治活動の自由、などが掲げられた。

大会後、関東自治連代表は各政党に決議文を手交して回答を求めたが、共産党が原則的賛成を表明した以外、他の政党からの回答はなかった。さらに学生代表は文部省を訪問して決議文を手交したが、文部省も沈黙のまま回答しなった。午後には、街頭デモに移り、国会議事堂、首相官邸、文部省を経て日比谷で散会した（『資料』一巻資料一三二）。六月一五・一六日の両日、全国官公大学高専代表者会議が東京大学で開催された。会議には、大学十四校、高専二十三校のほか、全国高校連絡会議（四七年一二月結成、略称「全高連」）側の高校二十校も加わり、全国七十七校が参加した（白紙委任十校）。会議では、まず学生戦線の統一について審議され、国学連と全国官公立高専学生自治会連合（四八年五月結成、略称「高専連合」）とを発展解消して、「全国公立大学高専学生自治会連盟」（全官公立自治連）を結成することが決議された。続いて、授業料問題と教育復興闘争について審議し、要求貫徹のため六月二三日からストライキに突入することが決議された。ストライキには関東自治連総会も参加することを決議し、こうして戦後の学生運動の最初にして最大の全国ストライキが敢行されることになったのである（『資料』一巻資料一三六、『学生運動（警備警察叢書Ⅱ）』七八頁）。

ストライキは、六月二三日に関東二十九校、二四日に関西・東海・北陸等三十二校、二五日に中国・四国・九州・東北・北海道等四十三校が参加し、二六日に参加者が全国公私立百十四校、約二十万人に達した。大学生運動研究会編の『日本の学生運動』は、「このストライキは組織的計画的なストライキとしては規模においても世界学生運動史上最大のものであろう」（一七六頁）と記している。『学生評論』一四号（四八年一一月）掲載のスクラム「民主々義学生同盟について」は、六・二六闘争を「学生運動の一つの飛躍的結節点だ」とした上で、その闘争を、第一に理事会案によって日本の教育が植民地化され、大学昇格の美名の下に教育の縮小が計画されている状況に対して「学問の自由」を守るものであり、第二に経済的窮乏に喘ぐ「学生生活」の改善を求めるものであると述べている。そして、闘争は、自然発生的・散発的運動から統一的な全国的観点に立つ組織的運動への結節点となり、今後「学生戦線の統一へ」が学生運動の合言葉となるだろうと主張している。

同号掲載の武井昭夫の論文「転換期に立つ学生運動――その新しき発展のために」は、六・二六闘争の意義として、①日本学生運動史上最初のゼネストが学生大衆の絶対的支持を受け敢行され全学連の基礎を樹立したこと、②学生自らの政治的立場を自覚して階級闘争に参加したこと、③局限的「学生の立場」の認識を超えて「人民の立場」へと発展したこと、④大衆団体との共闘を通じて学生が民族戦線の有力な一翼を担うことを明らかにしたことの四点を挙げている

私学連設立をめぐる対立と全学連結成　一九四八年六月、全官公立自治連が成立し、六・二六闘争が成立した。七月に入ると、全国の高等師範学校・師範学校も全官公立自治連に合流し、私立大学・高専でも全国連合組織の設立に向けた機運が高まった。

七月三日、四日の両日、関東自治連の提唱により、「私立大学高専自治代表者会議」が早稲田大学で開催された。この会議には、東北・北海道七校、関東二十九校、東海四校、関西十三校、四国一校、九州四校の計五十八校から約二百名の代表者が参加し、私立の大学・高専連合の全国組織の結成を協議したが、「会議を一部学生の政治的イデオロギーに基いて計画したものである」と主張する立命館大学など十八校の代表者が退場し、全国組織の結成は実現しなかった（『学生運動〔警備警察叢書Ⅱ〕』七九頁）。

八月八日に立命館大学友会が発表した「全国私立大学高専代表者会議に於ての退場に関する声明」（『資料』一巻資料一三九）によると、会議を主導した早大が発した招請状は全国の約三分の一の私学に出されたに過ぎず、全国組織の性格についても、関東側と関西側とで根本的な意見の相違が明らかになったという。つまり、早大ら関東側は、七月六日に全国官公私立大学高専学生代表者会議が開かれ、全国官公私学自治連盟（仮称）が結成されることを見越して、私学の全国的な学生連合（学連）組織の結成を急ぎ呼びかけたのであり、官公私学の合流が実現した後は、私学の学

連組織や地方支部は不必要と考えていた。これに対して立命大ら関西側は、元より官公立・私立が合流した全国的学連組織の結成を念願していたが、その結成後も、私学の独自性からいって私学の学連組織は必要であり、全国学連・官公立学連・私学学連の三組織の並立を提唱した。また、地域的問題の解決に向けた対処と、全国組織の基盤としての地域的結束のために、地方支部の存在は必要不可欠であると主張した。そして、次のように記し、会議のあり方を批判している。

吾々は学の自由を擁護し真正なる民主主義と正義を踏んだ学生運動はその思想傾向の何れたるを問わず之を支持し、之に同調して飽くまでも努力を惜しむものではないが、単なる政党的イデオロギーと政治的効果のみを狙い民主主義の本質を無視し学生としての理性を顧みぬが如き本会議は、学生の運動として何等価値を有せず、斯る妥当性と真実性を欠いた会議に之以上参加している事は学生としての良心の許さぬ所の所信に基き、此処に断乎退席を宣言し、吾々独自の見地より最も公正妥当にして且強力なる運動を展開する事にしたのである。

この対立は、全国の多様な学生を一連合組織にまとめ上げることの難しさを物語っているといえよう。その後も、九月六日開催の私学連結成準備会で関東側と関西側が対立し、結局、私学連の結成を見ないまま、九月一八日の全国学生自治会総連盟（全学連）の結成大会を迎えることになった。全学連結成後、同月二三・二四日に愛知大学で再び私学連結成準備が開催されたが、ここでも全学連との組織的関係性をめぐって早稲田大学と関西大学が対立して私学連の結成は実現しなかった（『資料』一巻資料一五〇）。

ようやく一二月一七日に同志社大学で開催された私学連第一回総会をもって私学連の結成を見た。九月に全国百四十八校参加で発足した全学連も、年末には全校加盟校二百六十六校、学生約二十二万人を数えるまでに拡大した（『資料』別巻年表）。しかし、トップダウン手法への反発や内部対立を抱えたままの船出であり、全国的学生連携の気運盛り上がりのなかにも、「政治闘争一本槍主義」への批判も提示されていたことを見落とすべきでないであろう。

『学生評論』誌面の変化　全学連の結成を契機として『学生評論』の誌面も大きく変化していった。一九四八年に入っても、しばらくは全国の学生の声を誌面に反映させようという方針は貫かれていた。同年一月発行九号の「編輯後記」は、当時発行されていた学生雑誌の『大学』『世代』『学生評論』なかで、唯一編集・発行を学生自身が行っているのは『学生評論』のみであり、このことは我々の何よりの誇りであるとして、次のように記している。

「学生」の編集する「学生」のための雑誌として、豊富に学生の声を反映し、しかも面白くますます苦しくなる我々の生活の中にあつて何よりも身近かな我々「学生」の真理追求の手引きとして広く「学生」一般に読まれゆく事に「本誌」のレーゾンデ・エートルもあり使命もある。

学生や社研の論文、スクラムなどの学生寄稿の企画も続いており、七月発行の一二号にも、「学生の作る、学生のための本誌に、読者諸兄姉の秀作をどしどし投稿して下さい」と記された原稿募集が掲載されている。八月発行の一三号には、「わが『進歩的』理論への反省――低迷せる学生へ」と題する座談会が掲載されている。この座談会では、前述の「主体性の問題」をめぐる座談会（九号、同年一月発行）の問題を引き継ぐような内容になっており、最初に前号（一二号）まで編集人であった松本敬之助は、座談会の冒頭で、その趣旨を説明して、次のように述べている。

そういう人々（マルキシズムを学ぶ人々――筆者注）の大半は、「たしかにマルクシズムは正しいんだが」と口の上では云いながら、その教えるところにより自分の行動を律していく、つまりマルクシズムを自分の人生観世界観にまで高めてゆこうとしない、というより出来ない。それにはなにかマルクシズムに足りないものがあるというようなことを云う。そうしたことから悩んでいる学生が今、かなりあることを僕など学校で友達と話しても感じるんです。

同じ号の編集後記は、松本から編集人を引き継いだ藤井松一が書いており、藤松も次のように記している。

反動的支配階級は新憲法とポツダム宣言をふみにじり、ファシズムの暴力をもつて、人民と民主主義とにたいし公然とちよう戦して来た。われ〳〵はこの時に、この歴史的現実がどこからきて、どこへゆくのかということを究明し、革命を真に正しく遂行するために、われ〳〵はいかになすべきかを真剣に求めなければならない。しかし、このわれ〳〵の深刻な問題を解決するにたる指導的理論の建設と主体的態勢の確立へのこころみが充分に行われているだろうか。一方にはあいもかわらぬ公式主義・客観主義が横行し、他方これにはげしく対立して封鎖的な「自我」に沈潜しようとする傾向が見られる。

ここでは、渡邉恒雄の提起した「主体性」確立の問題を引き継ぎつつ、公式主義との対立を超えて、読者と社会変革に向けた問題を共有していこうとする姿勢が見受けられる。しかし、この一三号（八月発行）の後、九月の全学連結成を経て、遅れて一一月に発行された一四号から、『学生評論』の誌面は大きく変化していった。

一四号には、前掲のスクラム「民主々義学生同盟について」や武井昭夫の「転換期に立つ学生運動――その新しき発展のために」などが掲載され、六・二六闘争の意義が強調されるとともに、発行所も学生書房から学生評論社に変わり、編集人も全学連書記局の湯地朝雄に代わった。そして、湯地は編集後記で、全学連・学生運動との関係を強化する編集方針を表明し、以後、『学生評論』は、学生の幅広い発言・討論の場を提供しようとする姿勢から、全学連執行部の方針を鼓吹し伝達する場へと変化していったのである。

五、政治運動への質的転換（一九四八年一〇月〜四九年五月）

学生運動弾圧への反対闘争　一九四八（昭和二三）年一〇月に入ると、政府は学生運動の弾圧強化に乗り出した。八日、文部省は、「学生の政治運動について」という次官通達を発し、「学校の政治的中立性」確保の必要性を強調した上で、「学校内の政治活動は許るさるべきでない」と指摘した。さらに学外の横断的組織が個々の学内自治運動に君臨し、労働運動と共闘することを不適当としたが、政治活動の範囲は各学校の実情に応じて学校長・教職員の個別の判断に委ねるとした。

これに対して九日、全学連関東地方支部総会が早稲田大学で開かれ、文部次官通達の撤回要求方針を決定し、一一日に抗議文を文部省に提出した。一四日には全学連中央闘争委員会（中闘委）も、次官通達に反対し、弾圧にはストで闘うとの声明を発し、一九日抗議文を文部省に提出した。一方、一四日に開かれた国立大学学長会議は、文部省の学生運動に関する見解を了承し、これを受けて翌一五日に長野師範が日共学内細胞に解散を命じ、二〇日に八名、二八日にも八名を退学処分とした。すでに次官通牒に先立つ四日には、秋田師範で学生大会の強行を理由に学生十八名が処分されており、学生運動の弾圧への反対闘争が激化していった（『資料』別巻年表、同書一巻資料一五六・一五七）。

『学生評論』の誌面にも、こうした闘争に関する記事が増えていった。まず、文部次官通牒に関しては、一一月発行の一四号に「学生と通牒」という特集記事が組まれた。この特集記事では、次官通牒の全文が掲載され、一九日に全学連中闘委が文部省を押しかけ、学校教育局長、日高第四郎に直談判した際の一問一答が掲載されている（「東大新聞」よりの転載）。さらに渡邊義通（民主主義科学者協会幹事長）、中村哲（法大法学部教授）、渡邊一夫（東大文学部教授）、堀江邑一（東京都教育委員）にアンケートを行い、この四名の通牒に対するコメントを掲載している。それらは、「子供だましの理屈をならべて、真理と祖国を愛する学生の自由な正しい意思と行動とに禁圧を加えようとする」もの（渡邊義通）、「学内の自主的な主張や運動が、自らにして他校のそれと連絡をもつに至るのは自然の理」であり、制限するのは事実上不可能（中村）、「地方でこの通牒を悪用しているようで」、そうした危険性のない通牒を出すべき（渡邊一夫）、「学生の秩序維持を口実として学生の政治運動を不当に弾圧するもの」（堀江）など、いずれも通牒を批難するものであった。

一六号（四九年一月発行）には、「弾圧と闘う学生たち――長野・秋田師範から帰つて」が掲載された。この記事は、全学連から両師範学校の闘争支援のために派遣された北大・山形高・東大・一高の学生による座談会である。座談会では、弾圧反対闘争が困難を極めた様子が語られている。このとき、武井昭夫より現地でのストライキ実施を付託され、長野師範に赴いた安東仁兵衛も、後に次のように回想している。

ものの一、二週間と踏んでいた私にとって、長野オルグは二か月近い苦難の日々となったのである。（中略）退学処分は八名である。しかもその大半は学校当局の脅しと呼び出された父兄の懇願に屈して国許に帰ってしまっている。自治会は学生大会の結果、二対一の比率で全学連の脱退と闘争委員会の解散を決定し、学生寮の委員会も処分者の在寮を日和見しているような状態である。ストライキを打てる条件などどこを探しても見当たらない。

（『戦後日本共産党私記』五一〜五六頁）

結局、安東はストライキの組織化を実現できなかった。この事件は、全学連の政治闘争方針を地方にまで浸透させることの困難を如実に示すものであったといえるだろうが、この経験を後に生かそうとする具体的対策が検討されることはなかったようである。

大学法案反対闘争の始動　一〇月一五日、文部省は理事会法案に代わる大学法試案要綱を教育刷新委員会に提示し、一九日には第二次吉田内閣が成立して文相に下条康麿が就任した。一一月に入ると、大学法案反対闘争もはじまった。

一一月二日、教育防衛関東学生決起大会が日比谷小音楽堂で開催された。次官通牒に端を発する自治会弾圧、大学法案などの一連の政策に反対して教育を防衛しようと、四十校七千名が参加し、教育のファッショ的再編反対を決議した（『資料』一巻資料一五八）。同日、全九州高校連合会六校代表が参加し、大学法反対で無期限ストの敢行、教育復興闘争方針を決議した。また、同月三〇日には、全学連中執委が学校経費・授業料の全額を国庫負担とする「大学法学生案要綱」を発表した（『資料』一巻資料一六六、武井昭夫「教育ファッショ化反対闘争について（『前衛』三六〇号、一九四九年三月）。

一二月七日、下条文相が衆議院本会議で「大学法案の国会上程準備中」と言明し、これに対して九日の五高・佐賀高校を皮切りに、七高・鹿児島農専・鹿児島水産・熊本医大・熊本高専・山口高校が大学法案国会上程阻止無期限ストに入り、一三日には九州学連（九州地方学生自治会連盟）が大学法案の国会上程阻止のため無期限ストの確立を指令した（『資料』別巻年表、同書一巻資料一六九）。

『学生評論』誌上でも、大学法案問題が盛んに論議されるようになった。一二月発行、一五号掲載の「国立大学法をめぐる諸問題」は、大学法試案要綱を全文掲載し、この法案を「貫くものは大学の地方委譲――質的量的低下の精神である」と断定している。そして、財政の地方委譲は、地方財政が火の車である以上、必然的に授業料の高騰と強制寄付の増大をもたらし、教育の均等を抹殺するであろうと指摘している。また、外国資本の導入による日本の植民地的再編成をもたらし、民族の独立に関わる問題に発展するであろうとも述べている。

翌四九年一月発行の一六号には、「大学はどうなる?」という特集記事が組まれた。そのなかの一つ寺澤恒信（日教組中執委）の「新制大学設置めぐる諸問題」は、大学志願者の増大に対し、教育復興のための適切な予算措置が講じられていない状況を指摘し、教育の機会均等の実現が不可能になることの危惧を表明している。また新制大学の質の低下が問題にされるが、小・中・高のいずれもの生徒の学力が低下している以上、大学の質の確保は不可能であり、まず量を確保して後に教育環境を高め次第に質の向上を図るべきと主張している。さらに大学設置審査を大学関係者だけでやるというセクト主義の問題性を指摘し、視野を広くして小学校からの全教育体系を見渡した上で、新制大学設置の問題を考慮すべきことを提案している。

この特集には、武井昭夫の「新制大学の意味するもの――九州学連に送る手紙」も収められている。ここで武井は、大学法案に反対して九州学連が直ちにストライキに入った際に、その要請に応えて全学連が全国にスト指令を出さなかったことにふれている。武井は、九州学連の敏速な行動性を称賛しつつも、無期限ストライキが「反対闘争の唯一の道ではない」といい、次のように述べている。

私たちの闘争の目標は大学法案の粉砕にあるわけですが、法案としての大学法を阻止するためにも、この法案を実質的裏付けとして強行されている新制大学の縮小・統合による植民地的ファッショ的再編成を、その学校その県ごとに阻止してゆくことが一番必要となっているのです。七月以降、全国大会で地域闘争ということが強調され、再三決議されたのはこの意味なのです。

しかし、この主張は武井の真意とはいえないであろう。全国闘争を敵視し、「地域人民闘争主義」を採る日共本部の方針に制約されたなかでの主張であり、後に武井自身もそのことを認めている（武井昭夫『層としての学生運動――全学連創成期の思想と行動』星雲社、二〇〇五年）。

日共方針との葛藤　一九四八年一二月に九州学連により、大学法案反対闘争が始動したのに対し、全学連本部と東大細胞の取り組みは立ち遅れた。そして、その原因となったのが、全学連の闘争方針をめぐる日共中央との意見対立であった。

「最近の学生運動――全学連意見書」によれば、全学連創成の頃までは、宮本賢治政治局員により、「学生の大衆組織たる学連組織を尊重し、これを党の指導下におくことに努め、徐々に巧妙に学生大衆の気分に適合する戦術とスローガンで接近し、闘いに立ち上がらせる」という具体的指導方針が採られてきた。この指導方針により「学生運動の上にゆるぎない党の指導権を確立する体制」が整備されてきたが、一九四八年九月に西沢隆二統制委員が青年対策部長に就任し、部員として御田秀一が学生運動を担当するようになると、このような指導方針が否定されて状況が一変した。

一〇月頃、御田は、「全学連は全国闘争のみ考えて、地域闘争・人民闘争戦術を理解していないという批判」を、日共政治局・書記局の承認による決定として全学連グループ指導部に通達した。さらに一一月一六・一七の両日には、全国学校細胞代表者会議が召集された。この会議で御田と全学連グループ指導部が対立し、長谷川浩政治局員から、全国一斉ストや全国的統一行動を組織的行動とすることを否定され、「全学連党的偏向」の克服を指示された。「全国学生細胞代表者会議報告」（『資料』一巻資料一五九）には、次のように学生運動のあり方が批判されている。

各地域に於ける対権力の闘争を通じて各地域の権力を奪取し、彼等の取って来る諸政策を中断するその力の集積によって始めて全国的な政権奪取は可能になる。この点が吾々にはよく理解されていなかった。だから十月一日全学連より発せられた全国一斉抗議は、余り成功を収めていない。各地に於いて人民闘争に発展しうる契機を持って居ながら、それが地域闘争の戦術をはっきりとらなかった為に対権力の人民闘争に発展しなかった。

また、一二月に党が発した指令「学生運動の当面の緊急問題」でも、学生運動のスト偏向のあり方の問題点を次のように指摘した上で、「地方闘争の方針が正しく理解されていない」と批判されている。

全学生運動における根本的欠カンは党基本的組織における学生運動、教育防衛闘争の政治的無理解（ストライキマン的傾向）と中央地方を通じての学生対策部、学生党員の学生党的政策と戦術の指導にあらわれている。従って学生運動を中心に教育防衛闘争に動員される大衆の巾を狭くし、独善的指導の結果みすみす窮地に追い込いこまれるストの強行となり、学生大会とスト戦術以上に一歩も発展していない。（『学生運動〔警備警察叢書Ⅱ〕』九六頁）

この一二月の指令以前に出された六月の指令「学生運動の指導に就て」と、九月の指令「当面の学生運動に於ける方針に就て」では、全国学生戦線の発展を期待し積極的支持を表明している（『学生運動〔警備警察叢書Ⅱ〕』九一～九四頁）。ここからも、九月を境として党の学生運動の指導方針が大きく変化したことがうかがえる。

ところで、地域人民闘争戦術とは、一九四七年の二・一スト後に挑発的ゼネストによる弾圧を回避するため、一歩後退して横の結合を強化するため採用され、同年末の第六回党大会で方針が確立したものであった。その後、四九年一月の衆議院総選挙で党の候補者三十五名が当選すると、議会を通じて権力掌握できるという幻想から、党の方針は地域人民闘争一辺倒へと向かっていったとされる。こうしたなかで、四八年一二月の九州学連のストライキ闘争や、四九年三月の関西学連の大学法反対闘争は、党中央により「ストライキマン的偏向」とされ鎮圧されていった（「最近の学生運動――全学連意見書」）。

一九四九年二月四日から三日間、全学連の第一回臨時全国大会が開かれた。大会には、代議員三百十二名含む約九百名が参加し、「学生の政治・自治活動の弾圧反対」「教育文化費の大幅増額」「大学法案・私学法案絶対反対」等のスローガンを掲げ、日教組への共闘を申し入れた（『資料』一巻資料一七四）。しかし、この臨時大会にも党の地域闘争主義が大きな影響を及ぼしており、安東仁兵衛は、次のように回想している。

二月の四日から三日間、全学連の第一回臨時全国大会が開かれているが、さし迫った大学法闘争にたいする闘争方針はストライキよりも地方人民闘争に重点が置かれること、とされていた。すなわち議場書において九州学連の無期限ストライキは、「その革命的高揚において高く評価されねばならないが、まだ、大学法が単なる法案として考えられていた。したがって各県の新制大学・高専問題との結合が悪く、一キ主義的であって、……」と総括され、また「政治性の欠如の問題」として、「大学法案反対闘争が総選挙闘争と結びつかなかった点」を自己反省している。大学法反対は大会のスローガンに掲げられはしたが、それは九番目という位置づけである。この背景には、はやくも覆い難くなった全学連の闘争方針をめぐる党中央との対立という党内事情が横たわっていた。（『戦後日本共産党私記』五七〜六〇頁）

五・二四闘争と大学法案の撤回　一九四九年二月から三月にかけて、大阪・京都・名古屋などの高校・高専・大学で大学法の反対大会が開催され、デモ、試験ボイコットなどが散発的に行われた（『資料』別巻年表）。

全学連中央グループは、これら地域闘争と呼応してゼネストの組織を進言したが、日共中央は日常闘争・地域闘争を強調するのみで、闘争の発展に同意しなかった。そればかりか、全学連副委員長が関東学連の一部の同志と連携して分派を形成し、ストライキ闘争を関東に波及させない活動を展開した（「最近の学生運動——全学連意見書」『戦後日本共産党私記』六二頁）。

その後、東京都学校細胞代表者会議において、地域闘争主義に立脚した反対派を関東学連から追放することに成功し、四月以降に再び運動は活性化したようである。四月二〇日東京都学連主催による「自由と平和と独立のための蹶起大会」が日比谷公園で挙行された。都内大学・高専三十校約一万人が参加し、吉田内閣の進める文教予算の削減政策にあらゆる手段をもって徹底的に闘うことが決議され、後にデモ行進も行われた。

五月に入って一日のメーデーでは、皇居前のデモに教職員三万五千人とともに、全学連傘下の学生一万人を動員した。さらに、全学連は一日のメーデーから一週間を「教育防衛週間」として多彩な組織的行事を展開した。その後、主な行事として、四日に早稲田大学で五・四運動記念大会を開催。五日の子供の日には各種行事に学生が参加し、七日には東京都学連の総会を開催し、次いで教育予算の増額、学生運動・教職員組合弾圧の停止・国立大学設置法案の撤回などの要求を掲げて地区別の大学法案反対ストに入った。『学生運動〔警備警察叢書Ⅱ〕』は、「このストの特徴は前年（一九四八年）の全国授業料値上反対ストと違つて、要求が著しく政治的色彩を帯びてきたこと、ストの方式が単なる授業ボイコットから授業管理の形式にまで発展したことである」と評している（八一～八二頁）。全学連中闘会の発表によると、五月二一日現在、ストを実施したのは百五校、動員人数十万人に達した。

これより前の五月一七日、衆院文部委員会で野党の反対を押し切って、国立大学設置法案が通過した。これに対して全学連中闘委は、五月二四日を期して一大ゼネストの組織を指示した。当日、参加百三十九校・二十万に及ぶ全学連全国統一の大規模なストが敢行され、大学法反対都学連決起大会を日比谷で開催した後、文部省へのデモ行進が行われた。同日、第二次吉田内閣は、大学法の今国会上程中止を言明するとともに、改めて大学管理法起草協議会を設け、全学連及び民主的諸団体の意見を聞くことを確約した（『資料』一巻資料一八六、同書別巻年表）。

五月二八日から三〇日までの三日間、全学連第二回大会が開催された。二百八校が参加し、ＩＵＳ（国際学連）への加盟申請手続きを決議。最終日二千人のデモが敢行され、学生三名が逮捕された。第二回大会では、大学法案の国会上程を撤回に追い込んだ全国規模の闘争成果を確認する一方で、「国会に圧力をかけるべき関東の立ち遅れ」を自己批判した。大会宣言では、「民族の敵、平和の敵、学問と教育の敵である、吉田内閣を打倒し、吾々自身の政権を樹立するために全力を挙げて凡ゆる手段をつくして闘うであろう」といい、吉田内閣との対決姿勢を鮮明にし、新たな政権樹立のために闘うことが宣言された。

『学生運動〔警備警察叢書Ⅱ〕』は、この第二回大会とその後の状況について次のように記している。

この大会を通じて全学連は日本における学生運動の戦線を整備し、実質的に全日本の学生運動の主流となつた。又その反面著しく政治性格を露呈し、国際的な連繫が強調されはじめたのである。一方この頃から全国的な統一されたストライキは中止され各地の大学毎の学内外の日常問題（学制の越軌行為に対する大学の処分問題等）に端を発してストライキが続発して、止むところを知らなかつた。これは当時全学連内部における日共グループ活動が、党の支持する地域人民闘争戦術に支配され、各大学権力機関に対する抗争を主唱したことによるものである。全学連が日本共産党の指導する地域人民闘争戦術によって戦線の整備をしている間に、文部省並びに各大学当局は、学生の政治活動に対する規制を強化して学生の懲戒、退停学が相次いで起こった。（八六～八七頁）

六、弾圧強化と日共からの抑圧（一九四九年六月～一二月）

弾圧強化と内部批判　五・二四闘争で大学法案を廃案に追い込んだ全学連であったが、六月には、学生が処分される事件が数件発生した。六月一日、東京大学当局は大学法反対ストを指導した学生二十名の停学処分を発表した。これに対して、学生側は不当処分反対ストを決行した（『資料』一巻資料二〇〇）。その最中、学生のストライキに厳しい姿勢をとる矢内原忠雄経済学部長に対し、力石定一が「キミ」と呼び捨てたことが、新聞にアプレゲール学生の象徴として書きたてられた（『戦後日本共産党私記』六三～六四頁）。

六月二日にも仙台の二高で学生三名が退学処分に付され、三日には、全学連・京都大学共同主催のもと、京大厚生女学部看護婦不採用問題への抗議集会が京大時計台前で開かれた。この時、学生代表二百名が鳥養利三郎学長への面会を求めて総長室前で座り込みを行い、大学側の要請により警察官百四十名が出動して退去させた。戦後初の官憲導入であったとされる。六月一八日には、高瀬荘太郎文相は、この京大事件に遺憾の意を表明し、「暴力の行使は学園の自治を破戒し、その自主性を無視するものである」との談話を発表した（『資料』一巻資料一九九、同別巻年表、同月一九日付『朝日新聞』朝刊）。

七月以降はGHQによる反共施策も活発化した。七月四日、マッカーサーは米国独立記念日に際して「日本は共産主義東進の防壁」と言明し、同月一九日にCIA顧問イールズが、新潟大学開校式で「赤色教授とスト学生」を追放するとの講演を行った。以後、イールズは一一月一一日に岡山大で反共講演を行い、同様の講演のために一四日に広島大、二一日に日大、一二月二日に大阪大、五日に京大などを廻った。

全学連に批判的な学生の動きも活発化した。武井昭夫によれば、学生民同は、日本産業別労働組合会議民主化同盟（産別民同）を模して命名されたが、社会党右派（後の民社党系）のテコ入れはなく、民自党から多額の資金が出ていた。同調者は、東大内の同党青年部員とごく一部の範囲にとどまり、首都圏でこれに呼応する自治会は皆無で、全国的にも大きな影響はなかったが、京大同学会・関西学院大学自治会が呼応したという（『層としての学生運動――全学連創成期の思想と行動』二三四～二三五頁）。

六月一八日に関西学院大学で開催された私学連第二回総会では、政治色を排した私学独自の運動の展開すべきことが決議された。同月二一日には、京大同学会が全学連脱退を表明し、七月六日に京大新同学会が発足して全学自治会確立と反全学連の方針を決定したが、経・法・文の三学部自治会はこれをボイコットした。さらに九月二九日に京大同学会は、全国学生自治会連合協議会（第二全学連）の設立を提唱したが、一〇月五日に文学部自治会が第二全学連提唱に反対を決議し、全学連傘下に結集を呼びかけ、六日に経済学部同好会もこれに同調した（『資料』一巻資料二一五、同書別巻年表）。

福家崇洋「一九五〇年前後における京大学生運動」（『京都大学大学文書館研究紀要』一三・一四号、二〇一五・一六年）によれば、一九四九年に入った頃、京大では共産党細胞・民主主義学生同盟（民学同）・唯物論研究会・社会科学研究会の「進歩派」と、運動部・文化部・宗教団体などからなる「穏健派」が対峙しており、同年一月の選挙で共産党が躍進すると、共産党の影響を警戒する穏健派と進歩派（左派）の緊張関係が高まったとされる。

日共からの抑圧　日共による全学連への抑圧も続いていた。「最近の学生運動――全学連意見書」によれば、全学連指導部は、東大・京大での弾圧に対して、六月二〇日にゼネスト目指して抗議闘争に立ち上がることを全国に呼びかけたが、党中央は青対指導者吉田政治局員・増山太助書記局付本部員を先頭として「浮く」という理由で禁止を命令した。この結果、無期限ストで闘ってきた東大・京大は全国から孤立した苦しい闘いを強いられ敗北していった。

九月一日に開催された全国グループ代表者会議兼全国学細代会議では、志田重男政治局員が、約二時間にわたり全学連中央グループの腐敗堕落を誹謗し、その闘争方針を反党的反革命的反階級的反人民的であると非難した。全学連側は、その非難が事実誤認にもとづくことを明らかにした。しかし、日共政治局の方針は変更されず、一一月の全学連第三回全国大会に際しても、志田政治局員は、地域人民闘争戦術の徹底のために大衆団体が全国大会などを開催することは有害であるとして、全国大会告示を取り消すように指示してきた。結局、「地域闘争の遂行を決意させるため」という名目で大会開催を許可されたが、関東地方の代議員が大量欠席して召集をサボタージュした。

こうして一一月二・三日の両日、早稲田大学で開かれた全学連第三回全国大会では、代議員二百三十名・評議員百十一名が参加し、教育防衛方針等を決定した。この大会の議事録の地方報告によれば、九州地方の代議員（九大）が、「分裂主義者は未だ表面に出て活動していないが、その胎動は見られ注意している」といい、「自己批判としては日常闘争が不十分であった」と述べている。また、中国地方の代議員（広島高）は「闘争は一面的・形式的であった」「日常要求と結合して統一して行かなければならないことが確認された」と報告している。東海地方の代議員（名大）は「特に三重県に於てヒステリックな活動で外にばかり働きかけて自治会が一般学生から遊離してしまっている」と述べ、信越地方の代議員（松本高）は分裂派問題について「全般的には全学連脱退の動きがある」と報告している。闘争と学生の要求とが乖離している問題が指摘され、「日常要求」の必要性も指摘されている。武井も「昨日の報告或は今日の討論でも明らかな如く、問題が多面的で複雑になってきている。また、地方や学校によって闘争の程度が違っている」と発言している（『資料』一巻資料二二一）。これらの発言は、地域闘争の推進を日共中央から強要された状況下でのものであったが、「分派主義者」が、京都以外にも広がりの兆しを見せていた様子がうかがえる。

こうした状況下で、活発なイールズの反共宣伝活動への反対闘争を展開し、積極的な反帝闘争に発展させることはできなかった。「最近の学生運動――全学連意見書」によれば、六月以後、約半年間、学連組織の軽視が支配し、年末からは全国組織の無用論まで飛び出した。さらに全学連本部の人員縮小が行われ、一時は会費の値下げまで青対によって指示されたという。

全学連機関誌としての『学生評論』　全学連が、学校当局、政府、GHQ、分派、そして日共中央への対応に苦慮しつつあった一九四九（昭和二四）年九月、この月発行の一九号から『学生評論』は、全学連の機関誌となった。安東仁兵衛は、当時のことを次のように回想している。

四九年夏以降、沖浦は全学連の機関誌となった新編集の『学生評論』を担当していた。湯地朝雄（文学部、都立高）、伴義雄（経済学部、浪速高）らがグループで、場所は表向きは編集代表人の湯浅の自宅とされていたが、東大のグラウンドの地下室の一角にあった。新編集の第一号は、巻頭論文の宮本百合子以下、出隆、中野好夫、内田譲吉、そして二号は宮本顕治、小野義彦、森有正などの多彩な顔ぶれが並んでおり、なかなかの好評であった。（『戦後日本共産党私記』九八～九九頁）

この一九号では、「一九四九年度学生戦線の展望」と題した特集が組まれ、そのなかに、武井昭夫の「分裂主義者批判――学生戦線の統一と拡大のために」が収められている。ここで武井は、全学連の分裂をもくろむ学民同と、これを操る吉田民自内閣、警察権力と結託した学校権力の学生運動弾圧を厳しく批判している。また、その背後には、ソ連・中国・東欧などの社会主義国家と米国などの帝国主義諸国との対決構図があるとの認識を示している。国内的にまさに四面楚歌の状況にあった全学連は、国際的連携を重要視し、後の共産党分裂の際も国際派に与した。同時にプラハに本部を置きソ連圏の学生組織を中心とする国際学生連盟（国際学連・ＩＵＳ）との関係も強化し、『学生評論』にも、その関係記事が多数掲載されるようになった。

一九号には、世論の学生運動への批判を意識して、これに関する評論も載せられている。その一つ、東大教授の出隆の「学生運動と暴力」は、同じく東大教授の尾高朝雄の七月一七日付『毎日新聞』掲載の「危機意識と暴力」を批判している。尾高は学生ストを「職業的革命家」の煽動・陰謀とみなし、冷静な判断を求めたのに対し、出は、教授が学生の呼びかけに同調してスクラムを組んで共闘することを提唱している。

これに対して、同じく東大教授の中野好夫の「学生運動にのぞむことども」は、学生運動の動向に批判的・懐疑的な見解を示している。中野によれば、近来の学生運動は、社会的動因論と戦術論が混同されているという。学生が政治問題に関心を持ち、運動が起こらざるを得ない社会的状況にも理解を示し、スト行うことを学生の本分に背くとも考えない。しかし、ストという最終的戦術が慢性的な威嚇手段として濫用されることは疑問であり、一年間に三度までストが敢行されたことは、「まことに不可解」であり、「ストライキ・マン的小児病偏向が顕著に存したと断ぜざるをえない」と指摘する。そして、ストという戦術で、いかなる効果と目的の実現を企図しているのかが了解できないといい、ストに訴えて大学法案の阻止などの目標が達成されたかは疑問であり、学生の総意としてプロテストしただけの方がより効果があったであろうと述べている。

さらに中野は、学生運動の将来に、きわめて憂慮すべき情勢を迎える兆候があらわれていることを指摘する。つまり、学生のなかに、あまりに急進に走る者と、あまりに無自覚な者があり、その間に大多数の不安定な層が存在すること、そして、その落差があまりに大きいため、やがて分裂を招くとの危惧を表明し、次のように述べている。

多くの場合、運動の頓挫の一半の責任は、独善的急進者の強硬にあるに疑ひない。（中略）少数の職業的革命家が強力に大衆を引きずっていけばよいといふ形式は、（中略）成功きはめて困難であり、その場合は落差の大きさから起る分裂の危機と、悪質指導者を生むにすぎない。（中略）この点は、全学連指導者の今日までの方針に率直にいつて反省すべきものがあるのではないか。

このような全学連指導者への苦言が載せられたことは注目に値するが、その後の『学生評論』の誌面は、全学連側の方針を一方的に伝える記事が多数を占めるようになった。新編集体制後の『学生評論』でも、たびたび原稿募集や論文募集が掲載されたが、広く学生の多様な意見を取り上げていくような姿勢は失われていったのである。

七、日共対決姿勢の鮮明化と反帝運動の高揚（一九五〇年一月〜五月）

コミンフォルム批判と全学連　一九五〇（昭和二五）年は、コミンフォルムの日共批判で幕を明けた。コミンフォルムとは、ソ連共産党の指導下、ソ連と欧州九か国の共産党が情報交換・活動調整のために設立した連絡機関であり、一月七日、その機関紙「恒久平和と人民民主主義のために」に掲載された「日本の情勢について」で、日共のあり方が厳しく批判されたのである。

この「日本の情勢について」では、ＧＨＱ占領下の日本の状況を「自己の軍隊と日本反動の助けによって、アメリカ侵略者は一切の民主主義運動を抑圧し、共産党と労働組合を破戒し、日本の完全な主人になろうとつとめている」と分析されている。そして、それにもかかわらず、日共の指導者・野坂参三は、「在日アメリカ占領軍が、あたかも進歩的役割を演じ、日本を社会主義への発展にみちびく、『平和革命』を促進するかのように」理解し、その見地は、「日本人民を混乱させ、外国帝国主義者が日本を外国帝国主義者の植民地的付加物に、東洋における新戦争の火元にかえることをたすけるものである。」と、厳しく弾劾した。そして、「あきらかに野坂『理論』は、マルクス・レーニン主義とは何の共通点もない。その本質上、野坂『理論』は、反民主主義的、反社会主義的理論である」と断じた（『資料』二巻一〇〜一六頁）。

これに対して日共政治局は、翌日には「党かく乱のデマをうち砕け」を発表し、野坂に対する批判は「党の結束をかきみだそうとする明らかな敵の挑発行為である」といい、この党かく乱の陰謀を粉砕するため党員の結束を呼びかけた。さらに一二日には、「〝日本の情勢について〟に関する所感」を発表し、コミンフォルムが指摘した諸欠点は、すでに実践において同志野坂等により克服されている、そして、現在はその害を十分取りのぞき、わが党は正しい発展をとげているといい、こうした日本の情勢に対し十分な考慮が払われていないことは遺憾であり、「野坂『理論』に対する反民主主義的、反社会主義的理論との評価は受け入れがたい」と反論した（『資料』二巻一七～二〇頁）。

これにより、党はこの「所感」を支持する徳田球一・野坂参三・志田重男・伊藤律らの所感派（親中派・主流派）と、コミンフォルムの批判を受け容れるべきだとする宮本顕治・志賀義雄らの国際派（反主流派）などに分裂した。一月一八日から二〇日まで開催された日共第十八回拡大中央委員会は、コミンフォルムの批判を全面的に承認し、アメリカ帝国主義者との決定的闘争を決断した（『資料』二巻二一頁）。しかし、依然として所感派が党の多数を占めた。

一方、コミンフォルム批判により全学連の活動は活気づいた。一月二〇日、全学連中執委が開催され、二・二一反植民地闘争デーを全面講和運動の一環として強力に展開することを指示した。さらに二五日には、関東学生団体代表者会議が早大で開催され、六十二団体・百数十名の代表が出席して「平和宣言」「国際学連へのアピール」を採択し、各地で全面講和運動を展開することを決議した（『資料』別巻年表）。

これより先、一月一五日に開かれた平和問題談話会は、「講和問題についての声明」を発表した。アメリカが東西の冷戦構造のなかで西側諸国だけとの単独講和の準備を進めていたのに対し、全面講和の実現を要望し、知識人、革新陣営を中心に全面講和運動が高まりつつあった。

こうしたなか二月に発行された『学生評論』二二号には、武井昭夫の「対日講和と学生運動の任務」が掲載され、全学連の闘争方針が示された。武井は、対日講和問題を一九五〇年の学生運動が当面する最大の課題と位置づけ、日本を特定の資本主義国の隷属状態につなぎとめ、その侵略的軍事基地とすることを意図する吉田内閣の講和方針の粉砕を目的に掲げている。同時に「買弁独占資本主義政府」は、外資導入による大学の植民化を進める教育政策を進めており、「大学の植民化阻止の闘い」と「日本民族の解放と国家的独立を確保するための闘い」はパラレルな関係にあると主張している。全学連は、日共の「占領軍＝解放軍」理論と地域人民闘争主義を克服して、ＧＨＱとの対決姿勢を鮮明にして全面講和運動に向けた統一行動に動き出しつつあった。

日共対決姿勢の鮮明化　安東仁兵衛の回想によれば、コミンフォルム批判後、党は国際派の宮本賢治に九州地方委員会議長という「都落ち」を命じ、宮本もこれに従い九州へ赴いた。武井や力石ら全学連・東大細胞の指導者は、宮本らの妥協的態度に失望したようである。そして、全学連指導部は、徳田・野坂ら所感派を「反革命集団」として激しく非難する野田弥三郎ら「日本共産党国際主義者団」に近い独自路線をとるようになっていった（『戦後日本共産党私記』八〇～九七頁）。

一方、京都大学の全学連分派活動も一時的に収束しつつあった。武井によれば、一月に分裂主義を排除し、統一戦線結成の方向を決定し、同学会を新発足させることで内部抗争は終結したという（『層としての学生運動』二三五頁）。京都では、所感派の野坂の影響が強かったが、前年の四九年末に結成された全京都民主戦線統一会議（民統会議）を中核とする京都民主戦線が、五〇年二月の市長選で高山義三を、四月の府知事選で蜷川虎三を、六月の参院選で大山郁夫を当選させる原動力となった。これが学生にも影響を与え、京大同学会も次第に「左旋回」し、四月には同学会代議員会が全学連への再加入を決議した（「一九五〇年前後における京大学生運動」）。

三月一一日、第二回全学連都道府県学連代表者会議が、新制大学自治会代表者と合同して東京大学で開催された。この会議では、反戦平和の行動隊である「反戦学生同盟」（反戦学同）の組織を決議し、直ちに各学校に帰り具体的な反帝平和擁護闘争を開始することを確認し、三月末には全国新制大学のストライキをもってその火蓋を切ることを誓った。また、「学生運動の目標を不明確にし単なる反政府闘争にずらせてしまったことを自己批判」し、「もとよりわれわれは日常闘争を決して否定するものではない。唯それが決定的闘争に対しては部分的闘争の役割しか果さないことを充分に確認すべきである」といい、日共の基本戦術である日常闘争主義の破棄を宣言した（『資料』二巻資料五・六）。

　こうして三月一五日に開催された都内の学校細胞代表者会議で、全学連は日共中央に公然と反旗を翻した。安東の記憶によれば、「党本部の二階で開かれたこの会議は論争といったようなものではなく大衆団交のような状態であった」という（『戦後日本共産党私記』九七頁）。

　三月には、力石、武井、不破の三人が中心となり日共全学連中央グループが作成した「最近の学生運動――全学連意見書」が党中央に提出された。ここでは、地域人民闘争戦術を主張する政治局の誤った指導により、全国的統一行動を組織的行動とることを否定され、全学連の活動が停滞した経緯が記述されている。そして、第十八回中央委員会総会で採択された「コミンフォルム論評に関する決議」にもとづき、「プロレタリア国際主義の原則に輝ける革命的伝統に立ち返られ、一日も早く日本人民を革命の正道に沿って指導されんこと」が要望されている。これにより、党中央との対立は決定的となった。


『学生評論』編集体制の混乱　こうした状況のなか、二月に発行された『学生評論』二二号には、懸賞応募論文が掲載され、「スクラム欄」を復活させることも告示された。学生の声を反映させるため、政治・経済・文学・生活その他に関する意見・感想・批評などの掲載を呼びかけた。しかし、全学連の孤立した状況を反映して、その誌面の全学連中執の正当性を訴える傾向に大きな変化はなく、幅広い読者層を獲得するには至らなかったようである。年間の発行回数も、一九四七年が八号、四八年が七号、四九年が六号、五〇年が四号であり、刊行が遅れがちになり、編集体制にも混乱が生じたようである。

　四月発行の二三号には、「学生評論改題『大学評論』創刊について」が告示された。次号から雑誌名を「大学評論」と改題し、学生諸君のみならず、全国の進歩的インテリゲンチャ諸氏の全部に愛読されるような雑誌にすることを目標に掲げた。しかし、二四号は「学生評論」のまま六月発行され、その「編集後記」には、「大学評論」への改題は、諸種の意見を参酌して協議の結果、改題を保留したと記されている。同時に全学連中執との協議により企画発行してきた従来の方針を改め、六月一日の全学連中執決定により、以後、この関係を分離、学生運動を中心とする独自の前衛的理論研究・報道機関として続刊されることになったことが報告され、編集部のメンバーの若干の変更があったことが記されている。

また、進歩的理論戦線が全体的な沈滞・混乱した状況にあるともいい、日共の分裂への憂慮の意も表されている。編集部内部でいかなる事態が起こっていたのかは詳らかでない。しかし、安東仁兵衛は次のように回想している。

記録によれば〔一九五〇年三月――筆者注〕九日から三日間――に開かれた全学連の都道県代表者会議のグループ会議で――東大農学部の教室が会議に当てられた――の席上で、沖浦が党中央批判をぶちまくり、そのなかで「伊藤律はスパイ、徳田はコミンテルンの資金で女遊びをして性病にかかったダラ幹〔堕落した幹部のこと――筆者注〕である」といった発言をした。「まずい発言だ、本部に伝わったら一発でやられる」「ゴリカン〔沖浦のあだ名――筆者注〕は理解よりもああいうアジでひっくりかえそうとするので困る」力石と武井がしぶい顔で話し合っていた。それから間もなく（中略）私たちは二人から沖浦を細胞から引かせた、との報告を受けた。正式の会議といったほどのものでもなく、理由は『学生評論』の経営問題であること、沖浦はしきりに「水くさい」と言って嘆き、ついに「あのゴリカンが泣き出した」ことなどの話が記憶に残っている。（『戦後日本共産党私記』九八～九九頁）

党からも孤立するなかで、疑心暗鬼になって全学連内部で混乱対立が生じ、『学生評論』の編集体制にも影響した可能性が考えられる。

イールズ声明撤回運動と日共との関係悪化　一九五〇（昭和二五）年四月、新学年がはじまるや、イールズ声明撤回・反帝闘争の火蓋が新制九州大学において切って落とされた。四月一〇日、九大でのイールズ講演会が学生の追求で混乱し、秘密会議となった。一七日、九大第二分校が「戦争反対・軍事基地化反対」を中心スローガンに学生大会を開き、即日ストに入り、翌一八日に第三分校、二〇日に第一分校でもストに突入し、二三日に九大第二・三分校学生が久留米市内デモを行い、駅前で反戦集会を開催した。一方、二一日から二三日まで日共主流は青年労働者を中心に青年祖国戦線の結成式を開き、全学連中執への不参加を決定した（『資料』別巻年表）。

五月二日、東北大学でのイールズ講演では、学生の批判によりイールズは退場を余儀なくされ、講演会場は直ちに「平和を守る会」の結成大会に切り換えられた（『資料』二巻資料一〇）。安東仁兵衛は、このときのことを次のように回想している。

全国の大学・高専を講演行脚して赤色教授の追放を説いて廻るイールズにたいして、地方学連からの報告と対策要請がしきりに全学連本部に入っていた。だが、たたかいの決め手を欠いたままに推移してきていた。そのイールズに対して東北大の八百名を越える学生の怒号と罵声が講演不能の事態に陥らせ、タイパー等の随員とともに会場の退去せざるを得なくさせたのである。次いで一六日、北大で講演を試みたイールズ一行は、ここでも学生の質問攻めに遭って講演中止を余儀なくされた事実が全国に報道された。東北大の烽火はたちまち全国に燃え広がった。（『戦後日本共産党私記』一〇二頁）

『学生評論』一四号（六月発行）には、学生評論編集部の「ルポルタージュ　東北大学事件」が掲載された。全学連派遣調査団、東北大学経済学部自治会、東北学生新聞社の協力を得て、東北大学のイールズ事件を詳報し、「去る五月二日の東北大学におけるイールズ氏の講演拒否事件とそれに続く学生運動の昂揚は、戦後日本における最初の意識的な反帝国主義民族解放の大衆運動として記憶されるであろう」と記した。

五月三日、マッカーサーは共産党を侵略者の手先と非難し、非合法化することを示唆した。学生側の抗議運動も高まり、翌四日に、五・四運動記念アジア青年学生決起大会が日比谷で開かれ、約千名参加してイールズ声明反対を決議し、反帝民族解放闘争に向けて学生・労働者の共闘を呼びかけた。雨のなか「全面講和即時締結」「われわれはトルーマンの傭兵にはならない」などのプラカードを掲げデモ行進を行った。

一方で、日共と全学連中執の関係はさらに悪化して行った。五月五日に日共東京都委員会は、東大・早大第一細胞の解散を指令し、翌六日には全学連書記局細胞にも解散指令を下し、全学連の反帝デモに対しても、各級機関を通じて学校細胞にボイコットを指令した。五月一六日、日比谷で開催された自由擁護都青年学生決起大会には、五千名が参加して皇居前広場までデモを行った。モスクワ放送と新華社電は「日本最初の反帝デモ」と評した（『資料』二巻一一五頁）。

五月二〇日から二三日まで開催された全学連中執第四回臨時大会では、中執の反帝平和路線を信任し、六・三労学ゼネスト・青年祖国戦線参加等を決定した。しかし、青年祖国戦線全国委員会、民主青年団中央委員会が、「最近の全学連本部とそれにつながる一部学生の動きは、われわれの組織と運動を破棄する階級的裏切りにほかならない」とする声明を発表し、全国から参集した代議員に大きな混乱を与えた。全学連の反帝闘争が高揚する一方で、所感派によりコミンフォルム以前の日共の戦略・組織論が復活・強化され、全学連中執に対する反対派が再び活発化する兆しも見せはじめていたのである。

五月三〇日には、皇居前広場において、民主民族戦線東京準備会主催のもと平和擁護人民決起大会が開催され、五万人の労働者・市民が参加し、都学連八千人もこれに加わった。この大会ではＭＰと衝突して立教大学生三名を含む八名が逮捕された（『資料』二巻資料一五、同書別巻年表、『日本の学生運動』二〇〇〜二〇三頁）。

八、反レッド・パージ闘争と反対派の台頭（一九五〇年六月～一〇月）

六・三ゼネストと日共除名処分　一九五一（昭和二六）六月に入ると、全学連と日共との対立関係が決定的となり、全学連内部の分派活動も活発化の兆しを見せはじめた。六月一日。日共東京都委は、「全党員及び学生に訴える」という声明を発し、この逮捕について、「全学連中央に巣食うスパイ、トロキストによって引起された」として全学連指導部を強く非難した。

六月三日の労学ゼネストでは、イールズ声明反対・反帝平和スローガンに全国四十三自治会、十数万人の学生が参加した。中国文ワイ報は、「すでに反帝反戦の闘争の矢頭を歩んでいる日本学生は」「日本の広汎な人民の熱烈な要求を明確に表現し」「正しく日本人民の闘いの道を示した」と高く評価し、イールズも帰国を余儀なくされた。しかし、このストに際しても、「ストの挑発にのるな」という日共都委員会のビラが多量に流されたという（『資料』別巻年表、『日本の学生運動』二〇三～二〇四頁）。

六月六日、マッカーサーは共産党の国会議員など二十四人の公職追放・政治活動の禁止を指令した。その後、徳田・野坂・志田ら所感派の党幹部は地下潜行し、一部は中国に亡命した。地下指導体制に移っても、所感派は全学連の運動を妨害しつつけたが、全学連は独自の反帝闘争を推進し続けた。同月一四日には、全学連緊急都道府県学連代表者会議が開催され、六・三闘争の成果を確認するとともに、「極東視察」のためマッカーサーを訪ねて来日する米三高官（ダレス特使・ジョンソン国務長官・ブラッドレー統合参謀本部議長）に対し、東京で二一日、全国で二四日に、「侵略戦争準備反対、軍事基地化・軍需工場建設即時中止、ストックホルムアピール署名、イールズ声明撤回、全面講和と全占領軍の撤退」を掲げ、一斉に請願集会を行うことを決定した。

さらに六月七日、全学連中執は、六月一日の声明で全学連指導部を「悪質トロキスト」呼ばわりした党に抗議文を送った。このなかでは、日共を帝国主義者の戦争計画に反対し、全面講和とＧＨＱの無条件撤退・軍事基地建設中止を要求して闘う唯一の指導者と認めつつも、全学連への非難の断固たる撤回を求めている（『資料』二巻資料一七）。

六月二二日、全学連書記局発行の「ダレス・ブラッドレー・ジョンソンへの請願文」が、警視庁より掲示禁止令を受けた。この請願文には、①日本再武装と軍事基地建設の防止、②大学から共産主義教授の追放を主張するイールズ声明の撤回、③全面講和と日本の完全独立を請願するものであった（『資料』二巻資料一八）。同日、東北大・早大・東大などで数百名の学生が「請願文」を支持する集会を開き、さらに数百名の行動隊が東京をはじめ主要都市の各所に「請願文」を貼付してまわった。この「請願闘争」に対しても日共の機関紙「アカハタ」は、「日本全人民の愛国的行動を混乱に導く重大な挑発行為」と批判した。

六月二七日、日共中央は、全学連の指導的学生三十八名の除名処分を発表し、これにより日共中央と全学連指導部とは敵対関係に転化した。このとき除名された者のなかには、戸塚秀夫（元東大細胞指導部責任者）、安東仁兵衛（元東大細胞指導部文京区委員）、力石定一（元東大細胞学生評論班）、沖浦和光（同上）、武井昭夫（東大全学連委員長、元全学連書記局細胞）らが含まれていた。また、この除名発表のなかで、「彼等の機関紙は『学生評論』である。これによって反党宣伝に専念しているのは力石、沖浦らである」とも述べられていた（『資料』二巻資料二二）。

六月に発行された『学生評論』二四号は、「戦略戦術に関する文献紹介」という特集記事を組み、「地方主義＝自治体社会主義」「右翼分派」を批判するとともに、後述するストックホルム・アピールを紹介し、世界平和運動の国際的連携の必要性を説いた。また、国際学連への全学連加盟承認の記事も詳報し、全学連が国際社会と連携していることを強調した。しかし、すでに述べたように、『学生評論』の編集体制は混乱に陥っており、日共による除名処分はさらに追い打ちをかけたようである。二四号発行の後、一〇月刊行の二五号までの四か月にわたって、『学生評論』は休刊に追い込まれることになった。

平和運動推進と反対派台頭　六月二五日に朝鮮戦争が勃発し、同月二八日に全学連中闘委は、「ストックホルム・アピ

ール　八月一五日迄に目標二百万を突破せよ」を指示した（『資料』二巻資料一九）。ストックホルム・アピールとは、同年三月にストックホルムで開かれた世界平和委員会（一一月に世界平和評議会と改称）が採択した核兵器禁止を要求する声明である。ソ連の主張によれば、このアピールは世界中で合計約五億人の署名を集めたとされる。日本でも、夏期休暇中に学生はその署名活動を行い、その間に三十万を超える署名を集めたという。

六月三〇日から七月一日まで開催された全学連第三回都道府県学連代表会議では、朝鮮戦争反対決議し、朝鮮学生に「われわれは断じて諸君と闘うことはしない」との声明を発し、この声明は直ちに平壌放送により全朝鮮の学生に伝えられた（『資料』別巻年表）。

これより先の六月二五日、全学連書記局は「軍事基地化の実態を見よ」（『資料』二巻資料二〇）という軍事基地の実態を知らせるパンフレットを作成した。七月一三日、このパンフレットが勅令違反であるとして全学連・都学連・京都府学連書記局等、全国五十余か所の自治会が一斉捜査されたが、事前に察知していた学生達の手によってすでに整理され事なきを得た。

しかし、この事件の後に、関西学連と北海道学連とは共同声明を発して「抗議されるべきは全学連中央である」として、公然と第二全学連を呼びかけた。さらに七月二日には、「学生運動協議会」（学生総協）が東京大学で結成式を挙げた。この学生総協と関西学連・北海道学連とは連合して、全学連中執攻撃の「統一戦線」を提唱し、再び全学連中執反対派の活動は活発化の様相を呈しはじめた（『資料』二巻資料二一、『日本の学生運動』二〇五〜二〇六頁）。

武井によれば、全学連の創立（四八年九月）から四九年度前半までは、全学連内に大きな対立はなかったが、四九年半ばより対立の度合いが激しくなり、五〇年冒頭のコミンフォルムの日本共産党批判以後、党内が所感派（本部派＝多数派）と統一派（国際派＝少数派）との分裂状態となってからは、激しい対立となった。多くの地方学連と全学連との連携は固かったが、関西地方学連は中核となっていた京大・大阪商大（大阪市立大）、神戸経済大（神戸大）のうち、京大・大阪商大の党組織に所感派が多く、このメンバーが自治組織執行部の多数派となったときに、地方学連として全学連内反対派の傾向を示すことが少なくなかったとされる。これに対して、京都では立命大・三高・阪大・浪高・神経大・神戸女学院・奈良女高師などが全学連中執の方針を支持して関西地方学連の方針を転換させることが一再ならず行われたという（『層としての学生運動』三四四〜三四六頁）。しかし、全学連中執の批判勢力の発生と拡大の原因を、単に所感派の指導にのみ求めるには、一面的な見方であるように考えられる。

八月には、日本共産党中央機関誌『前衛』に藤尾守「当面の学生運動の重点」が掲載された。藤尾の本名は山川暁夫、当時東大経済学部の学生で、共産党本部の青年学生対策部に部員として常勤していた。藤尾は全学連指導部を「分派主義者」を呼び、そのあり方を次のように述べ批判した。

> 革命的言辞のみならず、はなやかな行動を鳴りものいりで展開しながら、じつは挑発を組織している分派主義者、反帝闘争を主張し、画一的闘争形態を主張し押しつけることから、自治会と大衆の遊離、行動的学生の少数孤立化を結果せしめている。

そして、この「分派主義者」の一掃こそが全党・学校細胞にとっても重要な任務であると主張し、「日常闘争をつうじての真に学生を革命的に成長させうることの意義」「闘争形態を、全国的に画一化することなく柔軟な戦術」の必要性を強調した。

一〇月、四か月ぶりに『学生評論』二五号が刊行され、冒頭に「コミンフオルム以後」という特集記事を掲げた。このなかには、武井昭夫の「日本学生運動における反帝的伝統の堅持と発展のために」という論説が収められており、武井の藤尾への反論が主張されている。武井によれば、藤尾が「分派」と呼ぶのは、全学連中執に代表される多数意見のことである。四八年の六・二六闘争以降、全学連は日本における反帝反戦闘争の先駆的大衆運動として国際的にも高い批評を受けてきた。これに対して。藤尾守の日常闘争をもって反帝平和の闘争に置きかえるという主張は、経済主義的改良主義の道に落ち込むものである。そして武井は、日常闘争では部分的要求の獲得すら不可能であり、全国的集中的闘争なくして帝国主義支配からの脱却はないと論じている。

十月闘争と反対派の拡大　一九五〇（昭和二五）年九月一日、政府は、公務員のレッド・パージの基本方針を決定した。閣議を終えた天野文相、「教育のレッド・パージの一〇月初旬に強行する」と言明した。これを受けて同日、全学連中執は、レッド・パージ粉砕のため帰省中の学生は直ちに帰校せよとの指令を発した。

九月二五日、都学連活動者会議が東京大学で開催され、試験ボイコットによる反レッド・パージ（反レパ）闘争方針を決定し、一〇・五ゼネストの実施を決議した。試験目前を控え、先制攻撃によるレッド・パージ粉砕のため、レッド・パージが撤回されるまで試験をボイコットするもので、九月二九日に東大教養試験ボイコットに突入し、闘争は全都に拡大していった（『資料』二巻資料二八、同書別巻年表、『日本の学生運動』二〇六～二〇七頁）。

ところが、九月二六日、関西学連と北海道学連とは、「全学連中央の悪質分子を追放せよ」との共同声明を発表して全学連の方針を批判した。この声明は、「全学連中央はその誤れる冒険主義的方針を以て、学生運動を分裂させ、自治会を破壊さす反動的役割を果している」といい、九月三〇日・一〇月一日に開催される全学連都道府県学連代表者会議のボイコットを呼びかけた（『資料』二巻二五号）。

九月二七日には、天野文相が「教職員のレッド・パージは十月下旬政令六二号によって行う」との談話発表を発表し、緊迫した状況に包まれるなか、九月三〇日に全学連都道府県学連代表者会議が開催され、一〇・五ゼネストの実施が確認された。一〇月三日、全学連中執は、パージ計画を撤回しなければ、一〇月一七日と二〇日にもゼネストを決行することを指示し、五日の都学連ゼネストでは、十一校のスト突入校を中心に約四十校・四千名が東大構内で全都学生決起大会を開催した。六日、全学連中闘委は、反レパ闘争を民族的抵抗闘争とするため各地に行動隊の派遣を決定し、その後、各地に反レパ集会・ストは拡がりを見せ、天野文相の「十月初旬パージ強行」発言を反古に追い込んでいった。

一九五一年三月、五か月の休刊を経て『学生評論』二六号が発行された。この号では、「学生戦線統一のために」という特集が組まれた。そのなかの一つ、武井昭夫の「国際学連・全学連の伝統と意義を論ず」は、全学連が国際学連に加盟し、世界平和の指導者であるソ連・中国と連携して、世界平和・反帝運動を進めてきた歩みが解説されている。そして、十月闘争について、「単に大学の自由を守っただけでなく、共通の目的のために闘う日本労働階級に力強い援助を与えた」と評価した。同時に、世界学生戦線に対する「分派主義者」への批判も展開している。この特集には、南敏雄「関西における反対派・分裂主義者グループとの闘争」も収められている。南は、関西での全学連中執への反対派発生の経緯をたどるとともに、その日常闘争主義の理論的誤りを指摘した。

また二六号には、「資料　十月闘争に対する国際的反響」も掲載されている。この記事では、国際連盟から全学連に対する激励電報、日本政府に対する抗議文、北京放送・モスクワ放送の報道などが収められている。日共中央との関係悪化が決定的となり、全学連中執反対派の活動が勢いづくなかで、全学連中央にとって国際学連、中国・ソ連との連携が生命線となっていったのであり、『学生評論』も、反対派を批判し国際学連との連携をアピールして全学連中執の正統性をプロパガンダする雑誌としての傾向を強めていった。

九、全学連の分裂と『学生評論』の廃刊（一九五〇年一一月〜五一年一二月）

関西反対派の活動　十月闘争の後のことを安東仁兵衛は、「十月闘争の終焉とともに東大細胞は沈滞期に入る。十一月に入ってからわれわれの活動は重かった」と回想している。さらに安東は、一一月に入って全学連内の「右翼反対派」が突如左旋回を開始したといい、背後に所感派の軍事方針、武装革命路線への方向転換があったことを指摘している。反帝闘争を主張する国際派を「極左冒険主義者」「ハネ上がり」と批判して日常闘争を重視続けてきた所感派が、武装革命と軍事方針をふりかざして国際派を右翼日和見主義と非難するようになったのであり、この方針が全党的に公認されたのが、一九五一年二月二三日から二七日までの間、非合法に開かれた第四回全国協議会（四全協）であった（『戦後日本共産党私記』一三八～一四二頁）。

こうして一一月から、関西及び東京の一部で「極左偏向」の傾向が強まり、特に京都では学生が逮捕され、警官隊と衝突する事件が次々と起こった。一一月八日、レッド・パージ反対全京都学生決起大会が労働会館で開かれ、六百名が参加して一一月のゼネスト等を決議した。一三日に京都井上電機の反レパ入門闘争を支援した京大生十二名を含む五十一名が逮捕され、二二日には、京大で「前進座と語る会」が政令違反容疑として解散を命ぜられ警官の学内侵入を許した。さらに一二月九日に円山公園で全官公の越年資金獲得総決起大会が開催され、参加した京大生六十七名が逮捕された（『資料』二巻資料三九）。前述の南敏雄「関西における反対派・分裂主義者グループとの闘争」は、こうした関西での活動について、「大衆から遊離した所謂『権力抗争』に盲動し挑発的闘争指導に狂奔する」もの、「先進分子だけ街頭に引きづり出し警官隊と衝突させることは極めて正しくないし解放闘争の原則とは無縁である」などと批判している。

一二月七日に開催された関西学連自治会代表者会議では、全学連反中執派の五自治会が退場し、残った十三自治会で中執支持を声明した。一七日開催の京都府学連自治会代表者会議でも、全学連中執支持が決議された。しかし、二七日に開催された都自治会代表者会議準備会では、反全学連中執運動の展開が討議されている（『資料』別巻年表）。当時の全学連中執の指導力が低下しつつあったことに関して、『学生運動〔警備警察叢書Ⅱ〕』は、次のように記している。

全学連内部における分派行動は、国際派によつて占められた中央執行部の指令に対しても充分な統一行動をとらなくなりつゝあつた。この傾向は特に北海道、関西に多く当時の日本共産党主流派に属していたこれらの地方は、臨時中央指導部のとつていた地域闘争戦術をもつて唯一の武器とし、学校当局よりも地域の一般的な権力機構に対する反抗闘争に重点がおかれ京大の授業料延期交渉、地方税に対する便乗的下宿料値上の悪質家主バクロ戦術、良心的家主とは税務署に対する反税運動の共同闘争を行うなど全国的にはバラ〳〵な統制のない運動に変わっていったのである。（一〇六頁）

全学連中執の内部崩壊　一九五一年に入ると、全学連中執内部はさらに混乱し、指導力も低下していった。そのことを象徴するのが、査問・リンチ事件の発生である。安東仁兵衛は、この事件について次のように述べている。

運動が下降線をたどり、組織が沈滞していた五一年の春先に、思いもかけぬ深刻な大事件が発生して国際派東大細胞は危機的状態に陥った。事件とは「スパイ」戸塚〔秀夫――筆者注〕、不破〔哲三――筆者注〕、高沢〔寅男――筆者注〕に対する査問・リンチ事件である。（中略）細胞は極秘裡のうちに約二か月間この査問をおこなって右三名をスパイとして断罪し、その他数名のメンバーもスパイないしスパイに準ずる者として組織から排除した。若干の時間を経て、内部からこの判定に対する疑問が提出され、再審査の結果、判定はくつがえされて三名は組織に復帰することになった。だが、この過程で蒙った個人的、組織的打撃は深刻であった。私たちの組織は、この年の八月に解散する。（中略）その解散はふたたび加えられたコミンフォルムからの批判（＝判定）という〝外からの〟契機によって惹き起された。しかし、この査問・リンチ事件によって、すでに私たちは個人的にも組織的にも、内部から解体の危機に陥っていたといえよう。（一四五頁）

査問・リンチは凄惨なもので、日本の学生運動で最初の内ゲバであったとされる。こうした事件が起こったのは、党中央との対立、反対派の台頭という状況を受けて猜疑心が強くなっていたことによるのかもしれない。また、二月の四全協での所感派の方向転換が全学連中執の混乱に拍車をかけた可能性もあろう。

いずれにせよ、この前後より全学連の活動は停滞を余儀なくされていったようである。二月一日、都学連の主催により「全面講和とよりよき学生生活のための大会」が開催された。しかし、『日本の学生運動』によれば、日共の分裂固定化により、学連としての統一的闘いが困難になっていたという（二二七頁）。さらに二月二一日の反植民地闘争デーでは、全学連は全面講和・平和運動の一環として日本の軍事基地化反対・占領軍の撤退を要求し、広汎な学生の抗議集会・デモを計画したが、参加したのは少数大学の一部の学生のみであったとされる（『学生運動〔警備警察叢書Ⅱ〕』一〇八頁）。

三月一日、全学連中執は、ベルリン・アピール書名運動の開始を指示した。ベルリン・アピールとは、東側諸国（社会主義国）の主導により設立された世界平和評議会（世界平和委員会の後身）が、二月下旬にベルリン会議で採択したアピールであり、アメリカ・イギリス・フランス・中華人民共和国・ソ連など五か国に平和条約締結を要求するものであった。日本からは、世界平和評議会に日共系の日本平和委員会が加入していた。しかし、このベルリン・アピール書名運動も、所感派の妨害と抗争の激化もあって盛り上がりを欠いたものとなった（『資料』二巻五〇号、『戦後日本共産党私記』一六五頁）。

五月に発行された『学生評論』二七号は、国際学連との連携と平和擁護運動に関する評論・記事が多数掲載された。なかでも、武井昭夫の「日本平和擁護運動の前進のために」は、日本平和擁護運動が極度に立ち遅れていることを指摘し、日共中央の妨害により後退と混乱を呈していることに警鐘を鳴らした。しかし、この二七号を最後に『学生評論』は発行されなくなったようである。全学連は、『学生評論』とは別に、一九五〇年九月六日に機関紙「日本学生新聞」を創刊し、五一年一月一五日に再刊している（『資料』別巻年表）。「日本学生新聞」は未見であり、どのような新聞であったかは不明であるが、休刊になりがちであった『学生評論』に代わって、全学連中執の方針を伝える役割を担ったと考えられる。しかし、その新聞でさえも、数か月の間に休刊・再刊されており、ここからも全学連中執の混乱と機関紙（誌）編集体制の弱体化をうかがうことは可能であろう。

四月五日、統一地方選挙戦が始まった。所感派の臨時中央指導部は、都知事候補に社会党の加藤勘十を、大阪府知事に社会党の杉山元治郎を推薦した。これに対し国際派の全国統一会議は、都知事に出隆、府知事に山田六左衛門を推薦して、党は分裂選挙戦を戦うことになった。同日、都知事選で出隆を応援中の東大生十六名が、政令三二五号違反で逮捕（飯田橋事件）され、一二五日軍事裁判所に移管されたが、学生側は直ちに反撃を開始し、ねばり強い法廷闘争によって全員の無罪釈放を勝ちとった（『資料』二巻資料五六、『日本の学生運動』二二八～二二九頁）。

しかし、全学連中執の反対派の動きはくすぶり続けていた。三月八日、青年祖国戦線学生対策委員会が機関紙「祖国と学問のために」を創刊した。青年祖国戦線学生対策委員会は、北海道学連全委員長、関西学連全委員長が中核となり、東京の総協系の人脈も加わっていたようであり、全学連中執への反対派包囲網も構築されつつあった（『資料』二巻資料五二）。五月には国際派内部で、四全協への対応をめぐって宮本系と春日系の対立が表面化し、全学連中執の混乱はさらに増幅されていったのである（『戦後日本共産党私記』一六六～一六八頁）。

第五回大会中止とコミンフォルム判決　一九五一年六月一三日、全学連中執は第五回全学連大会の中止を決定した。講和問題に関する闘争方針を決定すべく大会開催を企画したが、都公安委員会が開催を不許可としたとの通達を渋谷署から受けた。中執は公安委員会を訪れ追及したが、禁止の明確な理由はなく、警視総監の判断であり、さらに総司令部公安課長マローバーの指示であったことが判明した。そこで、総司令部公安課に赴き面会を求めたが拒否され、交渉は不可能となった（『資料』二巻資料五九）。

この間にも、関西では反対派の勢力が拡大しつつあった。六月四日に大阪市大学で開かれた関西学連中執委では、五対四で全学連中執不信任が決議され、一一日の関西学連大会でも、全学連中執への不信任案が上程された。大阪大学工学部代表より不信任案の提案理由として、中執の学生の日常要求の軽視、講和投票の軽視、地方選挙に於ける統一戦線の無理解と極左的はねあがり、平和擁護日本委員会の分裂策動、青年祖国戦線のボイコット、「祖学」に対する反人民的方針、全学連中央機関紙（誌）の誤った編集方針、さらに関西の学生運動を歪曲して中傷・誹謗し続けている事実が挙げられた。またこうした事実は、国際主義の観念的公式的理解と機械的図式的押しつけ主義、弾圧の強化による小ブル的あせりから少数精鋭主義の誤った闘争方針によるものと指摘された。全学連中執不信任に関する提案は三十七対二十四、保留一で採択された。さらに全学連中執の方針を機械的に押しつけ混乱と分裂をもたらしたとして関西学連委員長が更迭され、新委員長に京都大学の玉井仁を選任した（『資料』別巻年表、同書二巻資料五八）。

東京にも反対派拡大の動きは波及した。六月一二日、東京大学教養学部の全学連代議員選挙で全学連中執派全員が落選し、一七日、全学連反中執派代議員が東京外国語大学で全国学生統一会議を開催し、全学連中執を批難するとともに、独自活動の推進などを決議した（『資料』別巻年表）。

さらに八月一二日には、コミンフォルム機関紙「恒久平和のために、人民民主主義のために」に日共四全協決議を支持する論文が掲載された。コミンフォルム判定は、ソ連との連携を重視してきた全学連中執に大きな衝撃を与え、その動揺は深化した。安東仁兵衛は、このときのことを次のように回想している。

> こうして事実上の分裂状態に陥りはじめていた国際派に決定的な一撃が下された。八月一〇日付のコミンフォルム機関紙に載った論評「『分派主義者に対する闘争にかんする決議』について」がそれである。論評はこともあろうに所感派の四全協で採択された（前掲の）決議を全面的に支持し、「若干の共産党員の分派主活動は日米反動を利益するにすぎない」としたのである。何回読み直してみても判決は明白であった。国際友党は所感派を全面的に支持し、国際派を断罪したのである。所感派が勝利を呼号し、国際派に対して全面的な屈服を威丈高に要求してきたのと対照的に、国際派は一挙に打ち砕かれ、見るも無残に打ちひしがれることになった。その崩壊はなだれを打って敗走する姿そのものであった。『戦後日本共産党私記』一六五〜一六六頁）

全学連の分裂　八月二六日から二九日まで、全学連中執は第五回大会に代わる中央委員会を開催し、第四回大会以後の全学連中執の正しさを確認し、中執信任を決議した。さらにサンフランシスコ単独講和拒否、再軍備・安全保障条約拒否の全国的総決起を国会批准前に行うこと、反戦学同の組織化などを賛成多数で可決した（『資料集』二巻資料六四）。

これにもとづき九月二四日、全学連は九月二八日に単独講和と再軍備に対する全国抗議集会の開催を指令した。しかし、国際派の動揺が広がるなか、同日に集会を決行したのは全国で十三校のみであった。さらに全学連は、一〇月六日に講和・安保両条約国会批准阻止闘争の展開をしたが、大きな運動にはならなかった（『日本の学生運動』二二九〜三〇〇頁、『学生運動（警備警察叢書Ⅱ）』一〇八〜一一二頁）。

地方での反全学連中執の動きも加速化した。一〇月九日、都学連執行部が任期満了で辞任したが、混乱から新執行部を選出できなかった。二六・二七日には、全国主要自治会代表者会議が明治大学で開催された。この会議では反全学連中執派が結集し、各自治会の欠陥克服のための討議を行った。会議に集まった自治会は、北大・東北大・東北薬大・明治大・新制東大・法政大・外語大・東経大・東洋大・武蔵大・一橋大・教育大・静岡大・京大・大阪市大の十五校であり、全学連中執への厳しい発言が相次いだ。発言の一例を挙げると、以下のとおりである。

（明治大）反戦学同のやり方はどうもまずい。彼らを棟梁させている自治委員が、クラスの学生をはっきりつかんでいないためである。この点を改めて、自治委員は意識的にクラスに入り、はっきりクラスの学生の要求をつかむことが必要だ。

（新制東大）執行部がクラスへ出てクラスの学生と密接に結びつくことが必要ではないか？　自治会の役員がクラスからはなれていては何もできない。

（北大）自治会の役員とは会合をもって方針を机の上で作るものと考えているのは誤りだ。

（東洋大）「学園評論」が自治会の行きづまっていることをお互いに交流し合う場となってくれれば、自治会でも積極的に援助出来るのではないか？（北大）学生の各種各様の要求を無理なくのばして行くことが必要だ。全学連中央は、問題をこれだこれだと学生におしつけ、ひきまわしてきたしこれからもそうしようとしている。

会議で東洋大学が『学園評論』のあり方に言及しているが、この会議では、「サークル活動の成果、自治会活動の成果を交流するために「学園評論」の発行運動を支援する」ことが決議された（『資料』二巻資料七四）。

こうして一一月以降、全国各地の学連組織は次々と全学連中執反対派に代わっていった。一一月二七日に北海道学連大会で全学連中執の不信任が決議され、以後、二二日に京都府学連、一二月六日に関西学連大会、七日に都学連大会なども、それぞれ全学連中執の不信任が決議された。当時のことを安東仁兵衛は次のように記している。

だがこうした抵抗（所感派に対する——筆者注）の五一年の年も暮れ、五二年を迎える頃には尽き果てようとしていた。グランド地下の全学連書記局の隣の都学連の部屋はすでに所感派の諸君に占領されていた。（中略）三月三日、この日に開かれた全学連拡大中央委員会で私たちは「国民の敵」と非難され、追放された。（『戦後日本共産党私記』一七七頁）

一九五二年に入り、『学園評論』の刊行準備が進み、編集の場も所感派に奪われるなかで、『学生評論』次号の刊行は望むべくもなかったのである。

おわりに

創成期の全学連の運動は、大学法案を撤回させ、イールズを帰国に追い込み、レッド・パージの教育界への波及を阻むなど、華々しい政治的成果を収めた。しかし、その闘争は、常に反対派を抱え込むなかで展開された。全学連中執は、彼らを「日和見主義者」「日常闘争主義者」「地域闘争主義者」などと呼び、「分派」として排除することに努めた。

確かに日共所感派の「日常闘争戦術」の強要は、彼らの闘争を阻害する一面のあったことは否めない。しかし、反対派をそうしたレッテルでひとまとめにして排除する全学連中執の姿勢が、後の全学連分裂へとつながった側面があったようにも考えられる。すでに全学連結成以前の「主体性論争」で、トップダウン式の闘争方針の強要の問題点が提起されており、私学連結成の際にも、立命館大学により地域学連の無視への批判がなされていた。こうした批判は、常に学生運動の底流にあり、全学連中執反対派が、必ずしも所感派の「日常闘争戦術」や「地域闘争戦術」にもとづく者ばかりであったとは考えにくい。

そこには、やはり、先人に学びつつ、広く学生の要求に耳を傾けようとする姿勢が欠如していたと考えられる。この意味で、『学生評論』が、そうした役割を担うべき存在であったろう。しかし、その誌面は、全学連の機関誌となって以降は、一方的に全学連中執の方針を伝達する傾向を強めていった。そして、その課題は、『学生評論』の後継誌を標榜する『学園評論』へと受け継がれていったのである。

第二章　雑誌『学園評論』とその時代

はじめに

雑誌『学園評論』は、一九五二（昭和二七）年七月に創刊号が発刊され、五六年五月発行の第五巻三号から誌名を『学生生活』と改題、その年の一一月まで刊行された。この間、創刊の翌五三年三月から四か月間の休刊を除くと、ほぼ毎月継続して刊行されている。

この雑誌に関して第一に特記すべきは、全国の大学生が連携して編集・刊行する体制を採っていた点であろう。創刊号の奥付には、発行所として一橋大学内の学園評論社のみが記されているが、第二号には、京都大学経友会内の関西支社、九州大学内の九州支部、北海道大学内の北海道支部が併記されている。一時休刊後、五三年七月に復刊されてからは、名古屋市学生会館内の東海支社、東北大学内の東北支社の二支社が加わり、全国五支社と百余の支部が雑誌刊行を支えたようである（二巻三号及び五号掲載の社告）。その後の奥付の記述には異同があるものの、関西支社、東海支社、東北支社が連記されることが多く、学園評論社とこの三支社を中心として、各地の大学生が雑誌の編集・刊行作業に参加したと考えられる。また『学生生活』改題後の五巻四号（五六年六月発行）の巻頭には、二百余の大学・高等学校の学生・生徒の支援を受けて刊行されてきた経緯が述べられ、以後四号にわたって、全国の学校に設置された百近い支部とその責任者の氏名が記載されている。このように、全国的な規模で学生が連携し、編集主体となって刊行された雑誌は他に例がなく、通信や交通機関が未発達の状況下でも、当時の学生たちが学校や地域の枠を超えて活発な交流を行っていたことをうかがい知ることができる。

第二に経歴や立場の異なる多様な人々が執筆していることも、この雑誌の大きな特色といえよう。全国の学生の評論や小説、学生サークルの研究報告、読者からの感想・手記などに混じって、上原専禄（一橋大学）、末川博（立命館大学）、田畑忍（同志社大学）ら戦後の大学改革をリードしてきた大学人の論説が数多く掲載されている。その他にも、戦後日本を牽引し、各界に多大な影響を与えてきた著名人が名を連ねる。文芸の領域では、志賀直哉、広津和郎、亀井勝一郎、田宮虎彦、木下順二、野間宏、村上一郎、木島始、杉浦明平、許南麒らに加えて、当時学生であった大江健三郎、石原慎太郎も参加しており、池島信平、岩上順一、扇谷正造ら評論家・ジャーナリストの名前も見える。学術面からは、戒能通孝・磯野誠一（法学）、岡倉古志郎（国際政治学）、浅田光輝・大内兵衛（経済学）、清水幾太郎（社会学）、南博（社会心理学）、柳田謙十郎・勝田守一（哲学）、家永三郎・石母田正・北山茂夫・羽仁五郎・江口朴郎（歴史学）、飯塚浩二（人文地理学）、阿部知二（英文学）、伊吹武彦（仏文学）、吉川幸次郎（中国文学）、大田堯・海後勝雄（教育学）、広重徹（科学史）、坂田昌一・伏見康治（物理学）ら当代第一線の研究者の文章が並ぶ。芸術・演劇の分野からも、井上長三郎（洋画家）、清水多嘉示（彫刻家）、井上頼豊（チェロ奏者）、宇野重吉・木村功（俳優）らが執筆しており、織田幹雄（陸上）、小野喬（体操）など、オリンピック金メダリストの文章も掲載されている。また、社会的運動に関わった人物の寄稿も多く、全学連の指導者の評論に加えて、戦時下にファシズムに抵抗した学生運動の先輩である藤谷俊雄・新村猛・真下信一らの回想文のほか、無着成恭・国分一太郎（生活綴方運動）、畑中政春（平和運動）、安井郁（原水爆禁止運動）、武井昭夫（学生運動）、吉川勇一（市民運動）など、さまざまな領域における活動家の文章が掲載されている。

こうした多彩な執筆者を迎えて、誌面には多様な問題が取り上げられている。受験、就職、寮生活、カンニング、アルバイト、恋愛と友情など、学生生活に直結する話題のほか、学生運動の歴史と課題、大学の自治と学問の自由、平和と原水爆禁止が主要なテーマとして繰り返して取り上げられた。その他にも、農村・労働・政治・経済・環境・教育や、アジア民族や女性の自立などの社会問題が幅広く論じられており、小説・戯曲などの文芸作品、映画・音楽・美術・スポーツなど広く思想と文化の戦後復興について論じたものも見受けられる。

このように雑誌『学園評論』は、大学の自治と学問の自由、平和問題を主題としつつ、多様な問題にもアプローチする学生雑誌として、当時にあって特出すべき存在であり、そこで扱われたテーマは、今日から見ても大きな意義を持つものが少なくない。それらは戦後日本の民主化が推進され、大学でもエリート養成から大衆化への路線変更が進められるなかで、学生たちが先進的に取り組んだものであった。それぞれの点ついて論及することは筆者の能力を超えるものであり、今後本誌の復刻を契機として、さまざまな視点から戦後史研究の蓄積がなされていくことを期待するものである。

ところで、こうした雑誌が存在し得た背景には、一九五〇年代前半の時代状況が大きく関わっており、さらには学生が当時の社会運動を牽引する役割を果たしていたこととも無関係ではないであろう。そこで、この解題では、『学園評論』創刊に至った事情を、当時の時代状況――とりわけ学生運動との関わりに着目して概観したいと考える。

一、『学園評論』発行の時代背景

『学園評論』の刊行に先立つこと二年、一九五〇年六月に朝鮮戦争が勃発した。朝鮮戦争は、貿易赤字と外貨危機のために低迷を続ける戦後の日本経済に復興のチャンスを与えることとなったが、これにより米国の対日占領政策の転換も決定的なものになっていった。すでに冷戦状態の進行にともない米国の占領政策は、敗戦直後の日本の「非軍事化」「民主化」を推進する路線から、「反共の防壁」「極東の工場」として米国の冷戦戦略に組み込んでいこうとする傾向を強めつつあったが、朝鮮戦争後、その方針は決定的なものとなった。こうして同年七月以降、ＧＨＱ（連合国軍最高司令官総司令部）の日本政府・経営者団体への示唆によってレッドパージが本格的に実施されるようになり、八月にはＧＨＱの命令により自衛隊の前身である警察予備隊が創設された。

これに対して、全学連は「反帝、反戦平和」を旗幟に掲げ、六月に全国十数万人の学生を動員してゼネストを行うなど活発な反対闘争を展開。共産主義者の大学教員の追放を主張していたイールズ（ＧＨＱ民間情報教育局の高等教育顧問）を帰国に追い込み、レッドパージの実行を阻むなどの成果を挙げた。その一方で、すでにこの頃から、同年一月のコミンフォルム（欧州共産党・労働党情報局）の批判に端を発する日本共産党の組織的な内部分裂が、党との密接な関係をもつ全学連にも少なからず影響を及ぼしつつあった。コミンフォルムはその機関誌のなかで、連合国軍を解放軍と位置づけ、その占領下において平和革命を目指そうとする日本共産党の路線を痛烈に批判し、党内はこれへの対応をめぐって、その批判の受け入れを表明する国際派と、批判への反論を主張する所感派とに分裂していた。六月に公職追放となった徳田球一・野坂参三ら所感派の主要メンバーは中国に亡命するが、その後も所感派は臨時中央指導部を組織し、党の活動が半非合法状態に置かれるなかで主流派として党を主導した。ところが、全学連の中央執行部は党の反主流派である国際派の影響下にあったため、臨時中央指導部は、同月全学連の中央細胞に解散命令を出し、翌月には全学連の指導的学生を除名処分とした。それでもなお、この時期の全学連は、四八年の結成以来の武井昭夫を中心とする執行部が指導的立場を堅持しており、先述のような活発な反対闘争を展開していた。しかし、その後次第に党内の対立と混乱が全学連にも波及していったのである。

翌五一年九月には、サンフランシスコ講和条約が締結された。これによって条約が発効する五二年四月に日本の主権が回復することが決定した。しかし、この条約は、ソ連などの社会主義国が調印を拒否しアジア各国も反対するなかで、日本をアジア戦略の拠点として重視する米国の主導の下に準備されたのであり、講和条約と同時に日米安全保障条約も調印されたのである。

ところで、このサンフランシスコ講和条約の締結に先立つ一九五一年二月、共産党の臨時中央指導部は第四回全国協議会（四全協）を開き、占領下での平和革命から反米武装闘争路線へと方針を転換した。さらに八月にコミンフォルムがこの方針への支持を発表したことにより、反主流派である国際派も自己批判して主流派に合流し、同年一〇月に開催された第五回全国協議会（五全協）では「農村部でのゲリラ戦」などの武力闘争方針を盛り込んだ新たな綱領が採択された。以後、この方針に基づき「山村工作隊」などの武装組織が結成され、火炎瓶闘争などが展開されていった。多くの学生がこうした闘争に動員され、同年末から翌五二年初めにかけて、京大天皇事件（五一年一一月）、渋谷事件（五二年一月）、東大ポポロ座事件（五二年二月）など、学生と警察当局との衝突事件が発生した。さらに五二年五月の血のメーデー事件では、デモ隊と警官隊とが衝突し、二名の死者と多数の重軽傷者・検挙者を出し、この事件を契機として七月には破壊活動防止法（破防法）が制定された。

こうしたなかで、全学連は「平和擁護・単独講和反対」の方向性を打ち出したが、内部分裂もあって統一行動が困難になりつつあった。一九五一年一〇月以降、武井ら中央執行部を批判する勢力が地方学連で優勢を占めるようになり、五二年三月に開催された第一回拡大中央委員会では、冒頭に大阪府代表から次のような趣旨により、中央執行部への不信任案が提出された。

①中執は学生の生活上の要求を取り上げなかった。
②政治闘争一本槍の「スローガン主義」であった。
③クラスを基礎とした学生の自発的な行動という形をとらず、指導部だけの活動になってしまったため、自治会は発展しなかった。

この不信任案の提出は、学生戦線にも主導権を握った共産党主流派の影響を強く受けたものと考えられるが、一九四九年発足した新制大学（一部は四八年）が完成年度を迎えたことで、学生数が急速に増加し大学が大衆化したこととも無関係ではないであろう。

終戦直後の一九四七年の段階で旧制大学の在学生は約九万人に過ぎなかったが、四九年以降は毎年一〇万人前後の新制大学生が入学し、五二年に大学生総数は約四〇万人にまで増加した（国立教育研究所編『日本近代教育百年史』六、一九七四年）。学生のあり方が多様化するなかで、仮に優れた理論と戦術を具えていたとしても、それだけでは、政治的行動を上から指導することが困難な局面を迎えていたと推測される。『学園評論』の創刊は、こうした情況の打開という課題を担う側面があったのである。

上記の不信任案の理由からも、こうした情況を踏まえ執行部への不満が一般学生に蓄積し広まりつつあったことをうかがうことができる。そして、この不信任案は、自治会の大衆路線を主張する大多数の地方代表と中執の過半数の支持を受けて可決され、中執委員長も結成以来の武井昭夫にかわって、関西学連委員長の玉井仁（京都大学）が就任することに決定したのである（五二年三月二四日付『東京大学学生新聞』〔『資料戦後学生運動』二、三一書房、一九六九年〕）。

二、全学連新体制の発刊支持

一九五二年三月開催の第一回拡大中央委員会では、全学連の執行部の交替を決めるとともに、『学園評論』の発刊を支持する次の決議もなされた。

学生全国誌〝学園評論〟発刊支持決議

新戦争の放火を企む帝国主義者とその手先吉田政府は、祖国の再軍備計画を強行するため、その政策の一環として植民地的教育と文化をおしつけ民族文化をはかいしようとしている。

このような動きの中で真実の文化をつくり上げようとする動きは、今や全国的にもり上ろうとしている。京大の原爆展・新東の山城一揆の紙芝居等、学生は創造的なすぐれた文化をつくり上げている。こうした動きを交流し更に発展させるために昨年来〝学園評論〟の発刊運動がつづけられている。この運動は既に多くの文化人・知識人からも支持され、八十万円基金カンパ運動も全国学生の手により進められている。

全学連拡中委はこの運動を支持すると共に〝学園評論〟発刊のために全国学友諸君に次のことを訴える。
われわれの手で民族と真実のための文化を創ろう。〝学評〟発刊のため八〇万円基金カンパを成功させよう。
（「全学連第一回拡大中央委員会議事録」五二年三月三日〔前掲『資料戦後学生運動』二〕）

このように『学園評論』は、全学連の新執行部体制の強い支持を受け、続いて同年六月開催の全学連第五回全国大会で武井ら旧中執メンバーが追放され、新執行部が正式に発足した直後に創刊された。『学園評論』創刊号の巻末「編集室から」によれば、発刊の準備は五一年一〇月から始まったようであるが、それ以降の関係する出来事を『資料戦後学生運動』別巻の年表から掲出しよう。

五一年一一月一七日　都学連書記局・「学園評論」発刊準備会共催、東京都学校サークル代表者会議開催
五一年一二月二・七日　都学連大会、全学連大会開催のため都学連はそのセンターとする、全学連中執不信任を決議
五二年一月二五日　「学園評論」発刊発起人会、雑誌「学園評論」発刊運動を起すことを決定
五二年一月二六〜二七日　関西・北海道・都学連主催第三回全国自代会議〔東京全自治館・東大〕、六〇校代表参加、全学連中執不信任等を決議
五二年二月六日　都自治会代表者会議、全学連中執派排除を確認
五二年三月一〜三日　全学連第一回拡大中央委〔東大〕、武井委員長・富田書記長ら五中執不信任、関西学連等提出の対案採決

以上のことから、『学園評論』の発刊の準備は、一九五一年末以降、東京都学連が全学連中執への批判運動を活発

化させるなかで、これと協調関係を保ちつつ進められたことがわかる。菅孝行は、この間のことを『全学連（FOR BEGINNERSシリーズ）』（現代書館、一九八二年）のなかで、次のように記している。

一九五〇年の末ごろからは県学連とか地方学連のなかでは、党中央派が優勢となり、全学連執行部への批判や不信任を決議するところもあらわれた。反全学連中執派の急先鋒として勇名をはせたのはのちの都学連委員長伝裕雄であった。（五四頁）

伝祐雄は、一九五二年三月開催の第一回拡大中央委員会でも、全学連旧中執の不信任提案を決議へと導くのに大きな役割を果たしたようである（前掲「全学連第一回拡大中央委員会議事録」五二年三月三日）。さらに『学園評論』創刊後は、五二年八月発行の一巻二号に「民族の名のもとに―前進する日本学生運動の展望―」と題する評論を寄稿し、武井昭夫を厳しく批判したうえで、武井グループを全学連から追放した同年六月の第五回全国大会を「全国学生の烈しい斗いの中でかちとられた、輝かしい統一の金字塔であった」と評価している。このように創刊当初の『学園評論』は、全学連の新執行部ときわめて近い関係を有していたのである。

三、全日本学生新聞連盟と編集体制

『学園評論』は、発刊当初において全学連の新執行部の支援を受けたのは間違いないが、実際に雑誌の編集・刊行はどのような体制で行なわれたのであろうか。創刊号巻末の「編集室から」には、資金や販売面で地域との連携がまだ不十分であると記されている。その後の各号掲載の「編集室から」と読者の声を集めた「ひびき」を見ると、各学校に「友の会」「読者会」が組織されこと、東北支社から「学園評論編集ニュース」が刊行されたこと、各支社の学生を集めた全国会議が東京で開催されたことなどが記されており、次第に地方で雑誌刊行を支持支援する動きが広がり、その組織化も進められたことがうかがえる。このように、雑誌からは編集組織に関する断片的な情報しか得られないのであるが、当時の情況から、特に創刊時には各校の学校新聞の編集発行関係者が多く関わっていたと推察される。

創刊に関わった者のなかで、唯一経歴が確認できたのは、創刊当初の奥付に編集兼発行人として氏名が記された「塩浜方美」という人物である。塩浜は、後に光文社に入社し「カッパブックス」の初代編集長となった人物で、当時は一橋大学（旧制）の学生であった（塩浜方美「光文社〝カッパ神話〟の内幕」①〜③〔『創』一三巻七〜九号、一九八三年八〜一一月〕）。

在学当時の塩浜は、一橋新聞部に所属して『一橋新聞』の編集に関わり、一九四九年九月に結成された全日本学生新聞連盟の委員長でもあった。全日本学生新聞連盟は、全国における大学・高等学校などの学生新聞の発行団体により組織されたものである。その目的に、①学問の自由・学園自治の擁護、②学生生活の安定と向上、③学生の編集による自主的学生新聞の発行、④平和と民主主義の擁護を掲げ、用紙配給・広告の割り当てなどの事業を行った。四九年九月に中央大学で開かれた結成大会には、全国三六の学生新聞の編集担当者八〇名が参集したという。なお、全日本学生新聞連盟の関連資料は東京教育大学新聞会ＯＢ会が保管しており、同会のホームページにその一部が公開されている。また塩浜の回想「光文社〝カッパ神話〟の内幕」によれば、全日本学生新聞連盟は『山びこ学校』映画化の支援活動なども行なっていたようである。

このように、塩浜を中心として全日本学生新聞連盟は、全国の大学・高等学校の学生新聞との連携を深め、広い事業展開を計画しつつあり、こうした動きが『学園評論』の創刊に結びついていったものと推察される。また、『学園評論』と全日本学生新聞連盟との関係は、『学園評論』の発行元である学園評論編集部の他の刊行物からも把握することができる。学園評論編集部は、『学園評論』以外にもいくつかの小冊子を発行しており、今般の復刻に際しても、別巻に以下のものを収録した。

①京都大学同学会・全日本学生新聞連盟（共編）『わだつみに誓う―京大天皇事件の記録―』（一九五一年一二月、学園評論社）

②学園評論編集部（編集）『もう黙ってはいられない―東大事件はこれからもおこる―』（一九五二年四月、発行人：塩浜方美、印刷所：日協印刷株式会社）

③東京都学生文学懇談会・学園評論編集部（編）『日本学生詩集―ささやくように―』（一九五三年四月、発行者：小宮山量平、発行所：株式会社理論社）

④学園評論社・京大水爆問題協議会（編集発行）『水爆よりも平和を』（一九五四年七月、印刷者：三共社印刷所）

⑤学園評論社・祖国と学問のために編集局（編）『世界の学生運動の新しい方向―第九回国際学連評議会報告・勧告集―』（一九五四年八月）

上記のうち、①と②は『学園評論』の創刊に先立って発刊されており、それぞれ一九五一年一一月の京大天皇事件と翌五二年二月の東大ポポロ座事件の内容を記録・報告したものである。特に京大天皇事件は、学園評論発刊の準備会の発足直後に起こった事件であり、これに関する①の冊子が学園評論編集部の最初の刊行物のようである。またこの冊子は、京都大学同学会と全日本学生新聞連盟との協同編集で発刊されていることから、この冊子の刊行をめぐって、京都大学同学会と全日本学生新聞連盟、学園評論編集部との間で密接な協力関係のあったことがわかる。

四、京大天皇事件の影響

『学園評論』の創刊に京大天皇事件が大きな影響を与えたと推測されるが、次にこの点をさらに検討しよう。学園評論社の最初の刊行物『わだつみに誓う』に初代の編集兼発行人である塩浜の名前は記されていないが、塩浜は前掲の「光文社〝カッパ神話〟の内幕」のなかで次のように回想している。

当時、私が主宰していた学園評論社から出版した『わだつみに誓う―京大天皇事件の記録―』という小著を示した。京大天皇事件とは昭和二六年一一月一二日、関西巡幸中に天皇陛下が京都大学に立寄られた際、〝わだつみの先輩たちに誓う、二度と戦争は起しません〟と反戦平和のアピールで天皇陛下を迎え、再軍備問題について天皇宛公開質問状を提出した事件で、この学生運動に参加した私は、この目で見、じかに感じたことを記録として書き出版したのであった。

また、一九五一年一一月二〇日付の『一橋新聞』には「ルポルタージュ・京大事件」という記事が掲載されており、その末尾に「(塩)」と記されている。このことから、塩浜はこの事件の取材のため直接京都を訪れ、この冊子の編集にも関わったことは間違いないものと考えられる。

ところで、この京大天皇事件に関しては、すでに河西秀哉の以下の研究論文があり、事件の概要や背景、世論の動向などが詳しく論じられている。

「一九五〇年代初頭における象徴天皇像の相剋―京都大学天皇事件の検討を通じて―」(『日本史研究』五〇二号、二〇〇四年六月)

「派戦後における学生運動と京大天皇事件―「自治」と「理性」というキーワードから―」(『京都大学大学文書館研究紀要』五号、二〇〇七年)

事件に関わった者の回想や記録も数多く存在し、『学園評論』でも創刊号に川越敏彦の「京大といえばぼくらの母校だ―京大天皇事件に寄せた中国からの手紙―」が掲載されたのをはじめ、関係する回想や記録が数編収録されている。それら膨大な回想や記録のなかには、事件の評価もさることながら、事件の事実関係をめぐっても理解の相違する部分が少なくない。例えば、河西は当時の京大関係者の証言から京大天皇事件への共産党の計画的関与には否定的な見解を示しているが、安東仁兵衛は、『戦後共産党私記』(現代の理論社、一九七六年)のなかで、共産党所感派の京大細胞が準備・指導したと断定している。安東は、事件直後に京都へと赴き、天皇制復活反対から再軍備反対へと闘争目標を修正するよう説得に当たろうとしたが果たせなかったとも回想している。当時の学生運動の指導体制は混乱・分裂傾向にあり、立場により見解が大きく食い違う場合もあって、今後さらに詳細な事実関係の確認と発言者の立場の分析が必要になるであろう。

このように京大天皇事件の背景や評価に関しては、いまだ検討すべき点は多いが、学園評論社のスタンスは、『わだつみに誓う―京大天皇事件の記録―』に明確にあらわされている。学園評論社が『わだつみに誓う』を刊行した前後には、京都大学の関係者からも次の小冊子が刊行されていた。

京都大学同学会（編）『平和を希うがゆえに―京大天皇事件の真相―』（一九五一年一二月）

京都大学医学部学生有志（編）『この希いに結ばれて―京大事件に想う―』（一九五一年一二月）

これらと比較して『わだつみに誓う』は、世論の動向や京都の一般市民の意見に注目し、これに重点を置いて編集している点で特色がある。そのために、塩浜をはじめ全日本学生新聞連盟の学生が丹念に市民の声を集めたものと考えられる。それはジャーナリストを志す彼等ならではの視点にもとづくものであり、当時の新聞雑誌が正確に事件報道をしないなかで、京大学生が天皇への「不敬行為」を働いたとして一般市民から非難を受け孤立することへの強い危機感があったものと思われる。しかもそれは、明確な闘争目標の設定と先進的な政治活動の指導に重点を置く従来の学生運動とは、やや趣きの異なる方向性をもつものであった。そして、こうした一般市民と広く連携していくことを重視する路線は、全学連の新執行部からも強い支持を受けたものと考えられる。

五、京都大学・『学園新聞』との関係

学園評論社と京都大学とは、『学園評論』創刊後も密接な関係があったようである。不明な点も多いが、以下にこの点をさらに述べたい。学園評論社の支社のなかでも、京都大学学友会内の関西支社は一貫して奥付に記載されてお

り、最も有力な文社であった。雑誌には戦前・戦後に大学を舞台に起こった事件が度々取り上げられているが、滝川事件や京大天皇事件、原爆展、劇団風波事件など、京都大学で起こった事件・出来事は特に繰り返し取り上げられている。執筆者としても、京都大学の学生や関係者はとりわけ多いようである。

また京都大学の『学園新聞』には、『学生生活』廃刊の翌五七年一一月に『学園評論』（季刊）が復刊されたことが紹介されている（『学園新聞』九〇九号、五七年一一月一八日）。その後六〇年代に入っても『学園評論』という名称の雑誌は存在していた。六二年一月発行された『学園評論』五号の奥付によれば、発行所は「学生団体学園評論社」となっており、所在地は「京都市左京区吉田本町京都大学内」と記載されている。なお、この雑誌も季刊であり、編集後記によると、六一年創刊のようである。

このように『学園評論』と題する雑誌には、一九五二年七月創刊のもの（本誌）、五七年復刊のもの（未見）、六一年創刊のもの（国立国会図書館・同志社大学・筆者などが一部所蔵）の三種があり、相互の関係は不明確な点が多いものの、いずれも京都大学と密接な関係があったようである。

ところで、学園評論社が、京大天皇事件に際し広く市民の声を集め、『わだつみに誓う―京大天皇事件の記録―』を出版したことをすでに述べた。そうした方針は『学園評論』の創刊号にも次のように表現されている。

みんなの手で学園評論をこんな雑誌にしよう！

一、みんなが自分の考えを自由に述べることができるようにし、有名な人も無名な人も平等の立場で参加して作って行こう

一、みんなが援け合い励まし合って産み出した研究の成果や、創造的な文化活動の体験を発表してお互いの成長を進めて行こう

一、みんなが、生活の中から生まれた真実の感想を、喜びや悲しみ、怒りや憤りを訴えて、未来への希望と確信

に結ばれて行こう
一、私たちの国を、平和で豊かなものにするために、どんな時にも努力を続けて行こう

広い読者層を想定し、学生と社会との意見交流の場を提供しようとする『学園評論』の基本方針は、京大天皇事件が一つの契機となったであろうが、京都大学の学生新聞『学園新聞』からも大きな影響を受けていたのではないかと推測される。

『学園新聞』は、一九四六年四月に全国の学生新聞に先駆けて、京都大学の学生によって創刊されたが、印刷用紙の配給を受けるに際して、「関西一円の大学・高校を対象にした学生新聞」という制約が付された（京大新聞史編集委員会『権力にアカンベエ!京都大学新聞の六五年』草思社、一九九〇年）。このため、新聞名称に「京都」などを冠することができなかったが、その創刊に際して当時の鳥養利三郎総長は、新たに創刊された『学園新聞』に対して、次のような期待を表明している。

今度新しい立場から関西一円の大学・高専の学生を対象とした学園新聞が発刊されることになって嬉しく考えています。これからの学生新聞は単に学生を対象とするのみではなく、広く社会人に対しても、高き指導性を持ち、学生のすぐれた点を社会に紹介するだけの意気込みが欲しい。

実際に『学園新聞』は単に京都大学の学生新聞という範疇に止まらず、関西の他大学や高等専門学校、高等学校に通信員を置いて各学校のニュースを集め報道した。また各学校の通信員を通じて販売に当たらせ、創刊当初は駅売りまで行い、常時八千から一万部を発行していた。読者層の広さから、紙面は東京大学の新聞と比べて、アカデミックな色彩が薄く、読み物的な要素の強い記事が多かったようである（「京都大学新聞の沿革」〔『学園新聞』復刻縮刷版、不二

出版、一九八六年)。

『学園評論』は、こうした京都大学『学園新聞』の編集方針と他大学との連携システムを参考とし、大学の枠を超えて広く学びを志す人々との社会的連帯を目指すために「学園」の名称を採用したものと考えられる。ちなみに、当時の京都大学『学園新聞』には「学園評論」と題するコラムも存在しており、この名称をそのまま使用したとも考えられる。

六、『学生評論』との関係

『学園評論』に影響を与えた出版物として、京都大学『学園新聞』とともに『学生評論』をあげることができる。雑誌名もこの二つを合わせたものとなっており、反戦平和・大学の自治という主題を『学生評論』から、広く読者を獲得していくという編集方針を『学園新聞』から引き継いだといえるであろう。

『学生評論』は、戦前京都大学における学友会委員の改革グループらにより、一九三六年五月に創刊され、「学問と文化の自由をまもるために、合理主義・ヒューマニズム・民主主義の立場を堅持して、狂暴なファシズム勢力の台頭と横行に対する合法的な抵抗戦線をはった学生の自主的文化雑誌」であった(郡定也「京都学生文化運動の問題―『学生評論』の場合―」(同志社大学人文科学研究所編『戦時下抵抗の研究』I、みすず書房、一九六八年)所収)。

戦前の『学生評論』は、わずか一年余りで廃刊となったが、敗戦間もない一九四六年一〇月に再刊されている。再刊一号掲載の「再刊の辞」は、「あの暗黒の時代にあって、真理と自由の最後の一線を死守したすぐれた先輩の伝統の継承者として、現在進行しつつある民主主義革命の一翼を担わなければならない」と記され、戦前の伝統を継承する決意が示されている。当初は、社会科学に関する学術的評論が多く掲載されていたが、全学連結成の翌年、四八年九月発行の戦後通巻一九号(新編集一号)からは編集方針を改め、全学連の機関誌としての性格の強い雑誌になっていった。毎号のように武井昭夫の論説が掲載され、反執行部への批判も掲載されたが、五一年五月刊行の戦後通巻二七号（新編集九号）をもって廃刊となった。

翌五二年七月に創刊された『学園評論』は、武井グループを排除した全学連新執行部と深い関係があり、このため創刊当初は、前執行部の機関誌であった『学生評論』との関係を明確にしていない。ところが、五六年三月発行の五巻二号巻頭の社告「あたらしき出発のために」では、『学生評論』の後継誌であることを明確に主張している。この社告では、同年五月から誌名を『学生生活』に変更することと同時に、一層読者の意見を反映させるため編集委員を公募して各地の事情に対応した編集委員会組織すること、発行主体を株式会社組織に移行させる計画を述べた上で、次のように記している。

この新しい私たちの計画に第一に参加して下さったのは、旧学生評論の先輩の方々でした。旧学生評論は、今の学評と同じように学生の手でつくられていました。日本の軍国主義が大学の自由に干渉し、軍備を強化し戦争準備が行われているなかで、京都大学を中心にして、昭和十一年発刊された学生評論は、日本軍国主義の弾圧によって発刊不能におち入ったのでした。暗い谷間の生活をつづけてきた私たちの先輩は、終戦と共に、自由と自治の伝統の旗を高くかかげて、学生評論を再刊しました。戦後の混乱のなかで、休刊そしてまた再刊として続けられ、昭和二十七年七月学園評論が、その主旨を受けついで発刊されたのでした。

その後、五巻九号（一九五六年一一月発行）掲載の「戦中学生抵抗秘史」には、戦前『学生評論』の刊行に関わった藤谷俊雄や小野義彦らの回想が掲載されており、藤谷はそれ以前の三巻八号（五四年七月刊行）にも滝川事件に関する文章を寄稿している。『学園評論』は先述のように京都大学との関係が深く、創刊当初から戦前『学生評論』の関係者・支持者の協力があったと推測される。また五六年六月開催の第九回全国大会で武井グループの追放撤回が可決されたことにから、戦後も含めた『学生評論』の継承を明記することになったものと考えられる。ちなみに、同年八月発行の五巻六号には武井昭夫の書評も掲載されている。

ところで、株式会社化の計画の方は、当時を代表する知識人・作家・評論家などが「株式会社学園評論社設立運動発起人」となって準備が進められたようであるが（五巻二号）、実現はせず、その年の一一月をもって廃刊となったようである。こうした著名人の表面的支援を必要としたことが、すでに学生主体での雑誌刊行が不可能になりつつあったことを示しているといえるかもしれない。

七、学生運動の動向

『学園評論』が刊行された一九五二年から五六年にかけては、従来、一般に学生運動の沈滞期と位置づけられているようである。例えば、五六年六月に刊行された東大学生運動研究会編『日本の学生運動―その理論と歴史―』（新興出版社）は、それまでの戦後学生運動を、

第一期　学園民主化闘争の時期（終戦から一九四七年末まで）
第二期　日本学生運動の質的転換期（一九四八年から一九四九年末まで）
第三期　反帝平和への全面的高揚の時期（一九五〇年から一九五二年二月まで）
第四期　昏迷と沈滞の時期（一九五二年三月から一九五五年末まで）
第五期　伝統復活の時期（一九五六年一月以降）

の五期に時代区分し、第四期を「日共主流派による分裂工作が学生戦線に持込まれ、『悪質なる分派、武井一味』締出しが強行されてより五五年末学連の壊滅状態にいたる迄の戦後学生運動史上最も不幸な、最も沈滞した時期である」としている。

一九六一年刊行の山中明著『戦後学生運動史』（青木書店）の時代区分は、上記とは若干異なっているが、五二年から五五年までを学生運動の沈滞期と見る点で違いはない。この書はⅠからⅦの七章で構成されているが、ⅡからⅤま

でを次のように章立てしている。

Ⅱ　質的転換期への序曲―教育防衛闘争の発生―（一九四八年より一九五〇年はじめまで）

Ⅲ　反帝・平和闘争の確立―日本学生運動の革命史的到達点―（一九五〇年より一九五一年まで）

Ⅳ　学生運動における革命的伝統の断絶―焦燥と混迷から沈滞の時代へ―（一九五二年より一九五五年まで）

Ⅴ　戦後学生運動の「ルネッサンス」―革命的伝統の復活なる―（一九五五年より一九五七年末まで）

さらに一九八二年刊行の菅孝行著『全学連（FOR BEGINNERSシリーズ）』（現代書館）も、「一九五二年から五五年までの学生運動は、完全に大衆的な基盤を喪失してしまっていた。そのため、ひとつの運動としての全体性が寸断され、統一性も爆発性も無くなっていた」とした上で、この時期の運動を「フニャフニャの俗流大衆路線と、猛烈な日共のセクト主義とは矛盾せず同居していた」と説明している。

これらは、少なからず学生運動に関わった当事者の評価であり、学生運動に関する研究は余り進展していないのが実情である。今後客観的な立場からの学生運動史の研究の更なる進展が望まれるが、この時期の学生運動が共産党の分裂・混迷の影響を受けて、統一性と社会的支持を失い、これを糊塗するために大衆迎合路線を採ったことで一層昏迷を深めていったことは否定できない事実のようである。

前述のように、一九五一年一〇月、日本共産党は第五回全国協議会で武力闘争方針を決定し、学生も山村工作隊や火炎瓶闘争などに動員されて翌五二年五月には血のメーデー事件が起こった。こうした事態を受けて、すでに同年八月には徳田球一が戦術の誤りを指摘し方針の転換を示唆する論文を発表していたが、さらに一〇月の衆議院選挙総選挙で共産党候補者が全員落選すると、武装戦術の行き詰まりは決定的なものとなった。こうしたなか、学生運動でも一般学生の支持を取り付ける目的から、日常要求闘争へとのめりこんでいったのである。この時期の学生運動が「フニャフニャの俗流大衆路線」（菅前掲書）と評されるのは、こうした事情があった。しかし、正式に武装戦術が共産党により放棄されたわけではなかったので、このことが学生運動の混乱を増幅させていた。高木正幸は、『全学連と全共闘―戦後学生運動の軌跡―』（講談社現代新書、一九八五年）のなかで、この点を次のように記している。

五二、三、四年ごろの共産党、全学連は、いわば〝大衆運動路線〟と〝武力闘争総論〟の両面組織だったといえる。それが、学生運動の低迷と混乱状態をもたらしたのだが、さらに五五年七月の共産党第六回全国協議会、いわゆる〝六全協〟における、それまでの武装闘争方針の撤回が、決定的な打撃を与えた。

八、『学園評論』の評価をめぐって

『学園評論』の刊行時期は、まさに前述した学生運動の沈滞期と重なる。そして『学生生活』と改題された翌月の一九五六年六月に、それまでの学生運動を大きく見直す全学連第九回全国大会が開催されている。この大会では、五二年六月開催の第五回大会で決めた武井昭夫ら旧中執の追放を撤回するとともに、それ以降の学生運動の誤りを次のように指摘している。

五二年に最も集中的にあらわれその後も永く続いた学校権力論なる理論に基いた、極端な暴力的冒険活動、そして、又その裏返しとなって現われた、只学生の要求をとり上げるといって羅列的に数多くの項目をならべたて、最も基本的な要求を実現する為に、全国的に結集し団結して闘うことをしないで、殆ど思いついた儘の時々の主題に学生を動員する様な活動形態、又情勢を科学的に分析し、学生の状態を正しく知り、見通しをもった方針を立て、その方針の下に論理的に宣伝を行い、民主的討論を徹底的に行い、全学生を全学連、自治会の下に結集して運動を進めるのではなく、主観的希望に基いた非科学的な判断で学生の状態―学生の要求なるものをつくり上げ、極端の場合は、野球大会、麻雀大会の開催をもって、「統一行動」の発展と評価し、運動を自然発生のままにまかせ、全学連の正しい指導性を否定するような理論、或いは学生の理性と気分とは全くそぐわないスローガンのおしつけ、非論理的なアジテーションによって、学生から遊離していく傾向、民主的運営を守らないで、全学連自治会を一部の学生のみの活動の場としてしまう極端な非民主的傾向、等々の為に第八回大会当時には、表面上のはなやかさにも拘らず、日本学生運動は一大転換を要求するような内部矛盾をはらんでいたのであった。（以下略）（「全学連第九回全国大会一般報告及び一般方針」五六年六月九〜一二日〔前掲『資料戦後学生運動』四〕）

このように後になって否定された時期の全学連と、『学園評論』とは極めて近い関係にあった。創刊時には全学連の新執行部から強い支持を受け、その後必ずしも全学連の機関誌として刊行されたわけではないが、全学連委員長ら執行部の文章も数多く掲載されている。今日、この雑誌が忘れ去られた存在となっているのも、こうしたことが関係しているのかもしれない。

しかし、この時期の『学園評論』での議論を単純に否定してもよいものであろうか。学生運動を政治活動に局限して考えるならば、確かにこの時期の全学連は前後の時期に比べて、統一的行動を起こし得ず、何ら華々しい成果を上げることはできなかった。その意味で活動の沈滞期には違いないのであるが、その沈滞のなかにあっても、『学園評論』を通じて多様な議論が積み重ねられていた。そして、そうした議論にこそ、次の時代に引き継ぐべき課題が多く残されていたともいえるのではないだろうか。

学生運動に長く関わってきた東京大学学生部長の早野雅三は、一九五六年六月（五巻四号）に「学生運動への直言」という一文を寄稿し、第九回全国大会以降、それまでの運動を単純に否定し去ろうとする傾向が強くあらわれ始めたことに対し次にように述べ、警鐘を鳴らしている。

昭和二六年―七年頃の運動方針が悪かったといって、それ以前の運動方針が正しかったとはいえない。しかしややもすると、そのころの運動方針に復旧すべしという声もきく。これは一番危険なことである。なぜなら、その時代に運動をリードしていた人々が、二五年ころの運動を学生運動として失敗であったとみとめており、そして多くの関係者が、自分の非をさとった上で復学もしている。又、そのときに失敗したからこそ昭和二六―七年頃の運動が起こってきたのだ。

この沈滞期の「フニャフニャになった学生運動の典型」として、菅は、一九五二年一〇月に全学連主催のもと京都で開かれた学園復興会議をあげている。また『日本の学生運動―その理論と歴史―』も、学園復興会議の事務局長大島渚（京都大学同学会副委員長）の「学園復興への道―京都大学についての試論―」（二巻六号、五三年一一月掲載）の次の文章を引用し、「日常闘争主義的な、そして地域人民闘争戦術的な本質をよく表現している」と評している。

日本の国内に於ても全ての人々は平和の一点で統一でき、又全ての学園関係者は学園復興のスローガンの下に統一できる。そしてその事は米日支配権力の孤立化を示し、学園を破壊し荒廃させて来たものの敗北を意味する。

そして、この学園復興の闘争のなかで、何の為に学問するかという問が不断に問われねばならない。学園は学園関係者の力だけで復興することは不可能であるからだ。次の時代を背負う労働者階級と結んではじめて学園の復興は可能となる。これはもはや学問が真に国民のものとなった事を意味する。それは亦、学園の解放でもある。

ここで示された「学園復興会議」の方向性、つまり反戦平和と学園復興への願いを阻む共通の社会的要因を学生だけでなく広く国民と連携して問うていくという姿勢は、それ自体必ずしも、日常的・地域的要求に閉ざされたものとはいえないであろう。そして、そうした姿勢は『学園評論』の編集方針にも繋がるものであった。にもかかわらず、この書の刊行後、大島渚自身も学園復興会議の失敗を認め、次のように述べている。

当時、正しい目標と戦術が与えられたならば大きく高揚したであろう学生一般の潜在的エネルギーが空しく小だしに消費されたことを無念に思い、ともかくも運動の中心附近に居た者として誤つた指導方針の一翼をになつたことを痛烈に自己批判したく思うからである。（「わが学生運動の反省─一九五三年・京都─」〔『現代史研究』四号、一九六〇年一〇月〕）

また大島はいう、学生の「エネルギーと行動を結集しうるのは正しい目標と正しい戦術以外にはない」と。しかし、何が正しい目標・正しい戦術であるというのであろうか。平和と学園復興というテーマで、この点を討議することは充分に可能であり、その討議を通じて目標とその実現のための方法についての共有認識を少しでも持つことができたならば、会議は一定の成功を収めたかもしれない。最初から正しい目標・戦術が所与のものとして用意されなければならないと考える「理論信仰」的発想が、学生運動に混乱を招いてきたようにも考えられる。むしろ会議の失敗は、大島も回想のなかで指摘しているように、目標や戦術よりも、十分な情報と学生意識の分析を行なわず、共産党の指導方針のままに揺れ動いた会議のあり方自体に求められるべきであろう。

その意味では、同時並行して開催された関西女子学生大会の方が、女子学生自身の悩みと解決の方向性が率直に話し合われた点で、はるかに実り多いものであったといえるであろう。この点に関しては、本書掲載の「風波事件と戦後新制女子大生─『学園評論』復刊に寄せて」で論じた。

おわりに

学生運動の指導者と一般学生の意識の乖離は『学園評論』のなかでも度々指摘されており、こうした乖離を乗り越えるための議論の場を提供するものとしても、『学園評論』は大きな存在意義を発揮していた。『学生生活』と改題された後も、全学連の指導者・卒業生・教員らによって、学生運動のあり方をめぐって活発な議論が展開された。『学生生活』五巻九号（一九五六年一一月）には、全国一万人の学生を対象に行った実態調査の特集号を一二月に刊行することが予告されている。しかし、この一二月号の存在は、現在のところ確認できず、一九五六年一一月号を最後に廃刊となったようである。戦後復興の時期を経て、商業雑誌との競争が激しくなり、学生の資質が変化・多様化するなかでこれに対応した雑誌作りが次第に困難になっていったと考えられる。

『学生生活』廃刊の五六年には、一月に国立大学授業料値上げ阻止闘争があり、一〇月の砂川基地拡張反対闘争で再び学生運動の統一的政治行動は高まりを迎えた。しかし、その闘争に際しても、共産党の介入によりその成果をめぐって学生運動の指導部に対立が生じている。翌月をもって『学生生活』が突如として廃刊になったのも、このことの影響もあったのかもしれない。その後も安保闘争などで学生運動は社会に大きな影響力を与え続けた。しかし、『学園評論』に見られたような、学生が中心となり広く社会との意見交流の場を提供しようとする試みが引き継がれることはなく、分派と対立を繰り返すなかで、やがて学生運動は衰退していったのである。

『学園評論』誌上で活発になされた大学の果たすべき社会的役割を問う議論が、その後において継続・蓄積されてこなかったことは、学生運動にとってだけでなく、大学にとっても不幸なことであった。日本の大学は、その後も一貫して量的に拡大し大衆化の路線を進み続けた。しかし、大学のあり方を根本から問い直すような議論は低調で広がりを持たず、大学人も有効な理念や対策を示してこなかった。

今日、少子化時代を迎え「大学間の競争的環境」が指摘されるなかで、大学の第三者評価、社会的評価が大きな問題となっている。しかし、評価する側の社会の質や、あり方を問うことなく、学生集めと経営安定のために社会からの高評価を期待する姿勢に一体どれほどの意義があろうか。その意味で、戦後新制大学の出発点において、『学園評論』が鋭く社会を批判する視点を持ちつつ、提起した諸課題をもう一度検討し直すことが、今求められているといえよう。

第三章　風波事件と戦後新制女子大生
――『学園評論』復刊に寄せて

はじめに

一九八八（昭和六三）年、京都女子大学に事務職員として採用された筆者は、就任後まもなく、『京都女子学園八十年史』の編集に関わった。しかし、編集に要した期間はわずか一年半余りで調査や資料収集で不十分な点があったため、その後も個人的に調査を続け、その成果を『日本近代の仏教女子教育』（法藏館、二〇〇〇年）にまとめ発刊した。同書は、戦前期における仏教女子教育事業の全体像を女子教育史と近代仏教史の両面から把握することを目的にしていたが、そのことを通じて戦前期「京都女子大学」設置構想の歴史的意義とその時代背景を明らかにしたいという問題意識が根底にあった。

戦前期の「京都女子大学」設置構想は、明治末期に仏教婦人会活動が高まりを見せるなかで、浄土真宗本願寺派の大谷籌子裏方（光瑞夫人）によって提唱された。戦前期に女子大学の設置構想は他にも数例あったが、女性が主導し広く一般女性の支持を受けたものとしては、この「京都女子大学」設置構想がほとんど唯一の事例であろう。その構想がなぜ挫折していったのであろうか。『京都女子学園八十年史』刊行後も、この疑問が頭を離れなかった。これに関しては、『日本近代の仏教女子教育』で大まかな展望を示すことができたと考えているが、実はもう一つ調査しておきたいことがあった。それが、戦後まもなく京都女子大学で起こった「風波事件」であった。

風波事件とは、劇団「風波」（京都大学生が中心となり結成）の演劇に出演した京都女子大学生数名が、大学当局によって無期停学などの処分を受けた事件である。この事件の起こった一九五四年当時、京都女子大学には、無届で学外サークルへの参加を禁ずる規則があり、その上、演じられた「育ちゆく芽」という劇が明らかに京都女子大学の学生寮をモデルとし、そのあり方を批難する内容であったことから下された処分であった。

戦前期、私立学校にあっても、宗教教育が文部省訓令によって禁止されていた状況下で、学生寮は公式に宗教教育を施すことができた数少ない場であった。とりわけ京都女子大学の場合は、一九二四年に京都女子高等専門学校（京都女子大学の前身）を訪れた貞明皇后（籌子裏方の妹）が学生寮にまで足を運んで、その宗教教育を賞賛したとされる。この出来事は、大正期の自由主義的な風潮のなかで、宗教教育が脚光を浴び始めたことを象徴するものといえようが、以後、京都女子大学は、特に学生寮での宗教教育に重点をおき、建学の理念を学生に伝えることのできる最良の場と位置づけてきた。その京都女子大学に学生寮のあり方を公然と批判する寮生が現れたのである。このことが大学当局者に与えた衝撃の大きさは察するに余りある。

当時の京都女子大学長（学園長）であった増山顕珠は、後に『京都女子学園創立五〇周年記念誌』（一九六〇年刊）のなかで、「種々の思い出もたくさんあるが、荒神橋事件の問題から風波の問題に至る間が一番学園の危機であったとも考えられる」と回想している。増山顕珠といえば、戦前に開教総長として排日状況下での北米本願寺教団を指導し、戦後は京都女子学園を幼稚園から大学に至る総合女子学園に発展させた人物である。その後増山は、龍谷大学長に転任し、高度成長期の大学進学者の急増を見越して、文学部のみの単科大学であった同大学に経済・経営・法学部の増設を計画し、総合大学としての基礎を築いた。そうした卓越した経営能力を有する増山をしても、対応に苦慮した「風波事件」には、どのような事情と時代背景があったのであろうか。

またこの事件の起こった一九五四年は、半世紀を経て漸く実現した学園の悲願「女子大学」が完成年度を迎えて間もない頃であった。なぜ、大学は設置早々に学生からの手厳しい批判を受けねばならなかったのか。そこには、学園の描く教育理念と学生の欲求との間に大きな溝を感じさせるものがあり、その溝は現在も埋められたと言い切れないのではないか。そうした思いを強く抱いたのであった。

一、「女の園」、「人工庭園」と「育ちゆく芽」

風波事件と同じ頃、京都女子大学をモデルに製作したとされる映画に「女の園」（木下恵介監督、一九五四年作品）がある。「女の園」は、日本映画界を代表する女優・高峰秀子が主演の女子大生役をつとめ、田村高廣がその恋人役として映画デビューした作品であり、その年のキネマ旬報で二位にランキングされている。ちなみに、この年の一位が「二十四の瞳」、三位が「七人の侍」であり、当時京都大学生であった大島渚がこの映画を観て映画監督を志したとされていることからも、当時かなり反響を呼んだ映画であったことがわかる（横堀幸司著『木下恵介の遺言』朝日新聞社、二〇〇〇年）。

「女の園」の原作は、英文学者で明治大学の教授であった阿部知二の書いた「人工庭園」という小説であり、阿部の評伝『阿部知二　道は晴れてあり』（竹松良明著、神戸新聞総合出版センター、一九九三年）によると、この小説は京都女子大学で起こった事件をモデルとし、関係者に取材して書かれたものであった。映画「女の園」の撮影は、東京・京都・姫路などで行われ、京都女子大学のキャンパスもロケ地に選ばれた。このため、映画のなかですでに取り壊された戦後直後のキャンパス風景を見ることができる。「人工庭園」と「女の園」は、ともに女子大学の学生寮が主な舞台であるが、「人工庭園」が、「やや海から離れたところの山手にある都会のM女子大学」としているのに対し、「女の園」の方は、京都にある「正倫女子大学」としている。「女の園」のあらすじは、女性の自立を阻む社会と大学の封建的なあり方のなかで、高峰秀子の演ずる女子大生が次第に精神的に追い詰められて自殺に至るというものであり、ほぼ原作の「人工庭園」どおりに描かれている。ただ「女の園」には、冒頭と結末に女子大生が結束して大学の民主化運動に立ち上がる場面があるが、これは原作の「人工庭園」にはない。

このように、「人工庭園」、「女の園」と「育ちゆく芽」とは京都女子大学の学生寮をモデルとしている点で共通している。その間の経緯は、阿部知二が「人工庭園」を雑誌『群像』に発表したのが一九五三年八月、映画「女の園」の封切りが翌五四年三月であり、「育ちゆく芽」の初演は、同年一一月のようである。そして同じ月には劇に出演した京都女子大学生の処分も決定している。

「女の園」の撮影に際して、キャンパス内でのロケを認めた京都女子大学側が、なぜ、劇団「風波」の創作劇に参加した学生に対しては厳しい処分を下したのであろうか。その経緯は、京都女子大学発行の新聞『東山タイムス』臨時号（一九五五年一月一〇日発行）のなかで詳しく説明されている。それによれば、「育ちゆく芽」の上演前から、劇団「風波」と京都女子大学当局とは対立関係にあったようである。五三年夏結成の劇団「風波」には、当初から京都女子大学の学生が無届で出演しており、学校側は発覚後に規則違反であることを学生に告諭し、当人も諒解して一応の解決をみた。ところが「風波」側は、「不自由な規則」「不可解な規則」などと非難する宣伝ビラを配布して抗議し、翌五四年三月にも京都女子大学生が無断で公演に参加していたことが判明し、京都女子大学側は保護者とも懇談して再度出演をしないように出演学生に注意した。そして、同じ頃に映画「女の園」が封切られ、その後、同年一一月一四日には京都大学演劇コンクールで「育ちゆく芽」が上演された。

その上演に先立って、主催者側から京都女子大学をモデルとした劇である旨が放送され、その内容が大学のあり方を非難するものであったため、鑑賞した京都女子大学生が憤慨して抗議を申し入れ、京都女子大学側も出演していた学生五名に対して、再び出演しないように告諭した。ところが同月二二日の京都学生演劇連盟主催の学生演劇コンクールに、大学側の訓戒を無視して学生が出演していたことが発覚したため、翌日の京都女子大学の教授会は無期停学を含む処分を発表するに至った。その年の一二月一八、一九日にも京都大学で第三回目の上演があった。上演に先立ち、京都大学側も、①京都女子大学生の出演を取り止めること、②京都女子大学をモデルとする脚本を改め一般の学校を舞台とする劇として公演することの二条件を付して上演許可を出したが、それにもかかわらず、新たに二名の京都女子大学生が出演していた。しかし、翌五五年一月一七日発行の京都大学の学生新聞『学園新聞』によると、無期停学処分を受けた学生が「今後学則に違反しない」旨の誓約書を大学側に提出したため、早期に処分の解除が決定し、一応の解決をみたようである。

二、風波事件の背景と『学園評論』

京都女子大学・京都大学学生の双方が発行する新聞から、事件の大まかな経緯は把握できた。明確に特定の大学をモデルとし、そのあり方を非難する劇を公演する手法自体は余り感心したものとはいえないように思われたが、「育ちゆく芽」の詳しい内容に関する資料を見つけ出すことはできなかった。

当時の京都女子大学生側の風波に対する反発も強かったようである。『学園新聞』（一九五四年一二月五日発行）掲載の論説は、京都女子大学生のなかに「学校教育方針に反して、醜態を外にさらけだすなどもっての外だ」と、さらなる処分を求めて署名活動をする学生があり、「あの劇をやって寮生活の問題を外へ発表する前に何故私達と話しあうことをしなかったのか」と風波の姿勢に批判的な寮生が相当いて、問題を複雑化していると報じている。しかし、この論説も述べているように、より重要な問題は、風波の劇の内容そのものよりも、学外団体への加入を許可制とする規則を定めている大学の封建的体質であり、学生の間でもこれを契機に改善していかねばならないとする意見が支配的であったという。

『学園新聞』は、風波事件以前からも、京都女子大学の学生の自由とプライバシーを侵害する体質を強く抗議する記事を掲載していた。例えば、一九五二年一月一四日発行掲載の「ルポルタージュ・女子大生は訴う―京都女子大の場合―」では、学外団体への参加、男女交際、思想信条の問題などに執拗に介入する大学の姿勢を問題に取り上げ、大学寮では門限が厳しく、私信の検閲などもあることを指摘した上で、学生の不満が募っていると報じている。さらに翌五三年になると、こうした問題が頻繁に報道されるようになる。まず六月一日には、京都女子大学生が五月三〇日に開幕した西日本学生平和会議への参加を希望したのにもかかわらず、「平和と名のつく会に出席することは不都合である」との理由で大学側が参加を禁じたことを伝えている。次いで六月一五日には、私信の検閲制のほか、男友達の氏名の届出を求め、防犯上を理由に寮生の指紋をとる寮があることなどを報じ、六月二二日には本人に無断で大学職員が学生の私物を調査し私信を検閲したことが表面化し、自由人権協会が告訴を検討していると伝えている。七月六日の記事によると、大学側も歩み寄りをみせ、私信の検閲制の廃止を表明したようである。

このように、風波事件は、それ以前から京都女子大学でくすぶっていた問題を前提に起こったものであるが、当時の関係資料は少なく、女子大学生が実際にこの問題をどのように受け止めたかを明確に示す資料を入手することはできなかった。『京都女子学園八十年史』の編集に際し、当時の学生を探し出して聞き取り調査をしたいと考えたが、そうした時間的余裕はないまま、筆者自身も京都女子大学を退職してしまった。

ところが、風波事件のことも忘れかけていた数年前、偶然手にした雑誌から当時の女子大学生の詳細な動向を知ることができた。『学園評論』と題するその雑誌は、古書店で購入したものであり、驚いたことに「育ちゆく芽」のシナリオが掲載されていたのである。『学園評論』は、全国の大学生が連携して編集主体となり、一九五二年七月に創刊されているが、「育ちゆく芽」のシナリオは、創刊四年目の一九五五年の二月・三月発行の四巻二号と三号に連載されている。発表の時期からいって、京都大学の要請を受けて、一部を修正した第三回公演（一九五四年一二月）のものと考えられる。

そのシナリオによると、「育ちゆく芽」の舞台は「洛水女子大学の若水寮」となっているが、「仏教精神に基づいた日本女性を育成する学校」などと表現されており、明確に京都女子大学をイメージさせる設定となっている。脚本後半（四巻三号掲載）の最初には、「劇団『風波』集団創作（京大・京都女子大）」と記されており、「京大」を名乗る団体名や個人名は劇中に幾度も登場する。内容としては、さまざまなタイプの女子学生が登場し、その点では、映画

「女の園」を参考としたことを思わせるものがある。その他の登場人物として、「女の園」で高峰三枝子が演じた寮長、金子信雄が演じた補導課長も「育ちゆく芽」に登場する。ただ「女の園」では、寮長や補導課長にも、それぞれ背負う人間模様があることが丁寧に描かれているのに対し、「育ちゆく芽」の方では、演劇という制約もあろうが、単に大学当局の立場から学生を監視する存在としてしか描かれていない。さらに劇中に登場する「関西女子学生大会」は、実際に一九五三年一一月に開催されたものであり、そこで読み上げられるビラも実際のものである。この大会に関しては、河西秀哉の「〈資料紹介〉一九五三年一一月関西女子学生大会」（『京都大学大学文書館研究紀要』六号、二〇〇八年一月）に大会記録が紹介されている。

こうしてみると、「育ちゆく芽」は、実在する組織・団体にフィクションを取り混ぜて構成し、京都女子大学のあり方を批判したものであり、大学当局や学生から強い反感を招いたのも納得できる面がある。劇に参加した京都女子大生自身も、『学園評論』の投書欄「ひびき」に掲載された文のなかで、「私達がこの悩みをまず内にもってきて皆で話しあいをしなかったことは、たしかに落度であったし、シナリオ自身ずい分不備不充分なもので、いたずらに当局の神経を刺激してしまったという気持は是非汲んで欲しいと思うのです」（四巻六号）と書いている。こうした事情から、「育ちゆく芽」のシナリオは、その後大幅に書きかえられたようであり、一九五五年五月二三日発行『学園新聞』掲載の同年六月公演のあらすじはかなり違ったものとなっている。実際にこの六月の公演を見た京都女子学生は、『学園評論』四巻九号掲載の日記抄「女子大生となって」のなかで、「全く書き変えられている筋、しかし私は劇中のいわんとするところは何ら変っていない事を知って何故かスッとしました」と記している。

この劇に込められた学生の不満は、特定大学への批判を含んでいたが、それを超えて、全国の女子学生に共感を呼ぶものがあったようである。例えば、『学園評論』四巻四号の「ひびき」欄によると、「育ちゆく芽」発表後に東京経済大学で合評会が開かれた。そこでは、「何か遠い国の出来事の様な気がして、身近に感じられない」という意見が大勢を占めたようである。しかし、そうした意見は男子学生のもので、津田塾大学の寮では「これは決して単にシナ

戦後の大学入学者数の推移（各年度『文部省年報』により作成）

年度	旧制大学		新制四年制大学		合　計			女子学生の占める比率
	男	女	男	女	男	女	計	
1948年	26,155	182	8,345	1,968	34,500	2,150	36,650	5.9%
1949年	19,331	291	83,262	6,136	102,593	6,427	109,020	5.9%
1950年	21,035	399	82,547	8,925	103,582	9,324	112,906	8.3%
1951年	—	—	96,392	13,863	96,392	13,863	110,255	12.6%

＊新制四年制大学の学生数は各年度の年報の数値に混乱が見られるため、1951年度の年報の数値によった。

リオ上の事ではなく、現実に津田の寮の問題だ」と話し合われているとの発言があった。また東北大学看護学校では、寮生が寮の送別会でこの劇を演じている（四巻五号）。

三、新制女子大学生を取巻く状況

「育ちゆく芽」は、特定の大学をモデルとすることで波紋を広げ学生の処分問題にまで発展したが、そこに描かれた女子学生の自由とプライバシーを侵害する大学のあり方は、多かれ少なかれ、全国の大学に共通する傾向であった。それまでの女子教育機関は、手厚く厳しい厚生補導・生活指導を施すことによって一定の社会的信用と評価を得てきた。しかし、この時期、女子大学生たちが社会に対する批判的認識を深めていくなかで、従来どおりの学生指導・監督を堅持しようとする大学側との間で信頼関係が損なわれていき、その過程で問題が一挙に表面化していったということができよう。それでは、この時期に新制女子大学生を取巻く状況とその意識に、どのような変化があったか。これについて以下に整理しよう。

敗戦後、マッカーサーによる五大改革指令を受けて、一九四五年一二月に閣議諒解された「女子教育刷新要綱」では、「男女間に於ける教育の機会均等及教育内容の平準化並に男女の相互尊重の風を促進することを目途として女子教育の刷新を図らんとす」との方針が掲げられた。この要綱にもとづいて、翌四六年二月には帝国大学総長会議で正式に女子に対する大学の門戸開放が決定した。二年後に認可された最初一二新制大学では、内五校が女子大学であり、これ以降女子大学生の数は急増していった。前頁の表に見るように、新制大学の設置に伴って高等教育機関の量的拡大が急速に進行しており、敗戦直後の四七年に二万人程度であった大学入学者数は、新制大学への移行が本格的に始動する四九年以降、毎年一〇万人を超えた。特に女学生の入学者数は、四七年の段階でわずか百三〇名であったものが、五一年には百倍以上に増加している。

新制大学の設置により大学の量的拡大が進行するなか、大学を取巻く状況も大きく変化していった。戦後改革が一段落して一九五〇年代に入ると、五〇年の朝鮮戦争の勃発、翌五一年のサンフランシスコ講和条約・日米安全保障条約の調印を受けて、米国の対日政策の転換が決定的となった。この頃、大学教育に関して、GHQ民間情報教育局（CIE）の「高等教育の改善に対する勧告」（五一年七月）、政令改正諮問委員会の「教育制度の改革に関する答申」（五一年一一月）、日経連の「新教育制度再検討に関する要望書」（五二年一〇月）などが相次いで発表され、米国・政府・産業界が一体となって職業教育・専門教育を強化する方向を示した。これにより、学問研究・一般教養教育・職業的訓練の三機能の統合を目指した戦後の大学理念は早くも崩れ始め、学内組織の民主化・教育研究の自由化を推進してきた大学の改革路線も大きく変容していった。大学の理念よりも産業界への対応が重視され、大学の自治よりも管理運営の方式が課題となり、同時に学内の共産主義勢力の排除が目指されたのである。

一方、戦後直後の日本経済は、急激なインフレに続くドッジ不況により安定せず、このため学生急増に対応した施設設備の拡充もなかなか進展しなかった。また新制大学設置までの準備期間が短かったこともあり、学内組織の再編や教育システムの構築のための必要な措置も遅れていた。国立大学では、大学間の格差や一府県一大学の原則により急きょ統合された旧制専門学校の再編などの問題を抱え、私立大学でも教員スタッフや財政面の展望など多くの困難な課題に直面していた。

このように大学のあり方が政治・経済の動向もあって混迷を深めるなか、大学当局側が明確なビジョンを提示することは困難な状況にあった。とりわけ、女子学生への大学の門戸開放、女子大学の設置は、進駐軍の強い要望により実現したものであったが、女子の大学教育の必要性に対する社会的認識が広く浸透しているわけではなく、その存在意義やあり方、教育理念をめぐる議論も低調であった。戦後、男女平等の理念が明確に示され、女性の法制上の地位は劇的に向上したが、同等な条件で女性の実質的な社会参加を認める環境は未成熟な状況にあり、このため、新制大学の整備・充実に向けた対応が遅れるなかで、女子大学・女子学生への対応はさらに遅れる結果となった。加えて、女子大学出身者の労働環境が整備されていない状況下で、産業界への貢献が大学に要求されるようになると、大学当局者は「男女の相互尊重の風を促進する」具体的展望を持ち得ず、勢い従来の「良妻賢母」型の教育理念への復古傾向を強めていったのである。

四、『学園評論』にみる新制女子大学生たち

前述のような状況のなか、一九五一年四月の入学生の多くは、それまでの旧制中学校・高等学校や高等女学校ではなく、男女共学の新制高等学校で三年間学んだ学生たちであった。とりわけ女子学生は、新制高等学校で男女平等の理念に強い影響を受けており、大学・女子大学の現実に違和感と批判的意識を抱いたのは当然のことであった。そして、翌五二年には多くの新制大学が完成年度を迎え、全国の大学生総数も四十万人に達した。こうして急速な量的拡大を遂げた大学生の交流の場としての役割を担って、同年七月に『学園評論』が創刊された。『学園評論』には、全国の学生の評論や小説、研究報告、手記などが多数掲載されたが、女子学生の書いたものも多く、そこから当時の女子学生が、大学や社会にどのような疑問を抱き行動したかを読み取ることができる。以下にその一端を紹介しよう。

『学園評論』で女子大学のあり方の問題を最初に大きく取り上げられたのは、一巻四号（五二年一一月）掲載の「女子大は民主化されたか」であろう。この記事では、編集部記者によって日本女子大学の実情がルポルタージュされており、前近代的な家族制度の擬制の上に学生の監視システム・教育体制が構築されている様子が鋭く告発されている。

それによれば、教職員は学生との相互理解の関係を築くことよりも、その自由な意見と行動を監視し抑圧する家父長的存在として学生に対峙し、寮では学生が姑に仕えるかのように寮監や上級生に随従することを通じて、封建的家制度のなかで生きていくための訓練がなされている。また教育内容についても、当然大学での中心となるべき学術の教育研究活動よりも、男性中心社会の不合理さを忍従する婦徳の精神の養成が重視されており、戦前の良妻賢母主義と何ら変わっていない教育現場の状況が報告されている。さらに、学生の権利を認めようとしない寮の封建的体質と寮監の職権乱用を問題とし、それへ抵抗した学生の手記「私の『女子寮記』」も同時掲載されている。こうした特集記事を『学園評論』が組んだ背景には、同年六月にお茶の水女子大学で寮生大会が開催され、寮監制度の廃止と自治寮の確立が決議されたことがあったようである。このお茶の水女子大学の寮改革については、四巻九号（一九五五年九月）掲載の「自治寮記」にその経過が報告されており、『学園評論』の後継誌である『学生生活』五巻六号（五六年八月）にも、寮生大会開催に関係した当時の学生の手記「女の園よ、さようなら」が掲載されている。

お茶の水女子大学、日本女子大学という東京の女子伝統校で起こった問題は、間もなく関西にも波及していったようである。翌五三年一月の二巻一号には、「いつかはこの歌声も大きくなる（手記）京都女子大学寮」という特集記事が組まれ、一三名の京都女子大学生の文章が載せられた。その最初に掲載された「自殺した友に」では、兄弟・親戚の家以外での下宿を原則認めない大学の規則があるため、下宿をできずに自殺した寮生のことが書かれている。この学生は高等学校を卒業して一年間就職した後に入学し、その間のブランクを取り戻すため消灯時間のない下宿生活を強く望み、将来を誓い合った大学生の恋人もいたようである。この学生が「女の園」で高峰秀子が演じた主人公のモデルとなったことは間違いない。「女の園」の原作「人工庭園」の著者阿部知二は、後に発表された学園評論社の株式会社化計画（五巻二号、五六年三月）でも発起人に名前を連ねている。このことから、阿部は『学園評論』を購読しており、小説執筆に当たって『学園評論』の記事を大いに参考にしたものと考えられる。

この特集記事では、その他の京都女子大生の手記にも、寮生活を含めた大学のあり方に対する様々な疑問や不満が記されている。特に男女交際や生活態度に厳しく介入し、研究会活動や社会的活動、アルバイトの自由を認めず、メーデーやダンスホールなどにはスパイを送りこむ学生補導のあり方に対する学生の批判は厳しく、いずれの手記にも、自由な学生生活と学生の自治会活動の実現への強い欲求がうかがえる。

女子学生の大学に対する失望感は、共学の大学でも同様にあった。二巻六号（五三年一一月）掲載の「六人の母と子の希い」には、六名の女子学生と母親の手紙が掲載されたが、そのひとり京都大学生の手紙「『女』の学生」は、女性を「他家の嫁として貰われていく商品」としか見ない社会のあり方に強い不満を表明している。手記は、奨学生出願時に面接官より受けた「お嫁入りする時、持参金の代りに借金を持っていっていゝのですかね」という質問から書き始められ、大学内にも、女性を男性の従属物として家に閉じ込め、その社会的進出を認めようとしない考え方が強くあることにショックを受けたことが語られている。そして、「女性も個人や家族の幸福に止まらず、広く社会のためにみんなの幸せのために働けたらどんなにいゝことだろうか」と結んでいる。この記事では、同時に戦前から男性中心社会のなかで懸命に生きてきた人生の先輩としての母親からの手紙も掲載されている。そのひとつ「唇に歌を忘れず」は、いくら正当性があろうと容易に変化できない現実を直視し、「どんな環境におかれても自分をまげない強さを持つと同時に周囲をも考慮に入れた生活態度を学んで下さい。正しいが故に鋭角的であってはならない」と記し、女性としてのしなやか生き方の重要性を諭している。また同じ号には、京都女子大学生の「寮生活日誌」も掲載されており、ここでは、大学と経営母体である本願寺の現実と建学の精神の乖離にも言及されている。

三巻四号（一九五四年四月）発行の「幸福と学問（女子学生の手紙）」になると、さらに女子学生の批判的認識は日常の大学生活から広く社会へと向けられ、深化していったことが把握できる。ここでは三人の女子学生の手紙が掲載されている。まず名古屋市立短大の学生の手紙「今迄のしきたりと私」では、女らしさとは男性中心社会によって創られたものであることが指摘され、そうした偏見によって学問や就職で女性が差別されることの不当性が主張されるなど、鋭いジェンダー批判が展開されている。東京女子大生の手紙「封建思想にたえうる力」では、一歩進んで、経済的理由から進学できなかった友人の存在のことも考慮して、女性差別だけでなく、あらゆる社会的矛盾を視野に入れるべきことが訴えられている。そして、広く社会から抑圧された人々と共感を育てることこそが大学で学ぶ意義であると述べられている。

おわりに

『学園評論』は、全国の女子大学生が大学や社会に持つ疑問・批判などについて意見交換する場を提供した。そして、一九五三年になると、大学間を超えた集会が開催されるようになった。まず開催されたのが、関西女子学生大会である。この大会は五三年一一月六、七日に京都で開催されており、前述のように河西秀哉が関係資料を紹介している。さらに同年一二月二日には、東京で第一回全日本女子学生が開催されている。全国七四校の女子学生三三〇数名が赤坂公会堂に集まり、さまざまな悩みや苦しみが話し合われた（『資料戦後学生運動』三、三一書房、一九六九年）。

翌五四年には、一一月に九州地方女子学生大会があり、一二月には第二回全日本女子学生が奈良女子大学で開催された。この第二回大会に関しては、学生生活編集部が編集した『戦後学生運動史』（三一書房、一九五七年）のなかに、大会に関わった学生の手記「女子学生もたちあがる―女の園にまなぶ、日本女子学生大会―」が載せられている。それによれば、第二回大会では、第一回大会の「悩みをうちあけよう」の段階は過ぎ去り、「どのように解決したらよいか」という点に重点が置かれて協議された。そしてこの筆者は、大会そのものは非常に盛況であったが、その具体的方策を明確に示すことができなかったことを反省点として挙げている。また『資料戦後学生運動』も、この大会について「結局女子学生の諸要求を並べあげ、悩みを打ちあけ、話し合うというカンパニア集会に終ってしまったため漸次沈滞し、一九五五年の三回大会では協議会に改組されたが、以後消滅した」と記している。

一九五五年以降、日本は高度成長期に入り、教育研究に関する諸条件も徐々に整備向上されていったが、学生の資質・欲求も変化・多様化し、日本女子学生大会のような大会を開くことは困難になっていったと考えられる。学生に意見交流の場を提供してきた『学生生活』（『学園評論』後継誌）も、翌五六年一一月には廃刊に追い込まれていったようである。しかし、新制大学の発足に際して、女子大学生たちが大学や社会のあり方に疑問を抱いたこと、そして『学園評論』誌上で自らの意見を交換し合い、さらに大会を開いて問題点を共有しようとした事実は決して無駄であったとはいえないであろう。そこでの課題を彼女らが持ち続けたことが、戦後の女性の地位向上と社会進出を実現していく原動力となったことは間違いない。

そして、戦後の女子への大学開放は、その契機を与える結果となったのだが、大学・女子大学の側が戦後掲げられた「男女の相互尊重の風を促進する」課題を社会に先んじて、主体的・積極的に推し進めたわけではなかった。むしろ大学・女子大学は、社会の男女差別を映し出す「反面教師」として学生に対峙していたのであり、『学園評論』に掲載された風波事件の関連記事や、女子学生の手記は、この点をよく物語っているといえるであろう。

最後になったが、本文の執筆にあたり、貴重な助言をいただいた京都女子学園学園史編纂準備室時代の元上司の岡田美智子氏（前学校法人京都女子学園理事・京都女子学園同窓会〔藤陵会〕副会長）、資料収集に協力いただいた亀塚修氏（元京都女子大学図書課長）に衷心より御礼を申し上げたい。

第Ⅱ部

各誌総目次

総目次・凡例

一、本総目次は、『学生評論』『季刊大学』『大学』『学園評論』（後継誌『学生生活』、および『学園評論』復刻時に附録として収録した著書を含む）より作成した。各雑誌・単行本の書誌情報は巻末に一覧を附した。

一、仮名遣いは原文のままとし、原則として旧漢字・異体字はそれぞれ新漢字・正字に改めた。また明らかな誤植、脱字以外は原文のままとした。

一、標題、人名、所属等は原則として本文に従い、あえて表記の統一ははかっていない。

一、＊印、〔　〕は編集部の補足であることを示す。

『学生評論』

再刊一号（第三巻第一号）

一九四六（昭和二一）年一〇月一日発行

再刊二号（第三巻第二号）

一九四六（昭和二一）年一一月二三日発行

再刊三号（第四巻第一号）〈新年号〉

一九四七（昭和二二）年一月一〇日発行

再刊五号（第四巻第三号）

一九四七（昭和二二）年六月一日発行

再刊八号（第四巻第六号）

一九四七（昭和二二）年一二月二〇日発行

再刊九号（第四巻第七号）〈新年号〉

一九四八（昭和二三）年一月二〇日発行

再刊一〇号（第四巻第八号）

一九四八（昭和二三）年三月三〇日発行

再刊一三号（第四巻第一一号）

一九四八（昭和二三）年八月三〇日発行

再刊一四号（第四巻第一四号）

一九四八（昭和二三）年一一月三〇日発行

特集

再刊一五号（第四巻第一五号）

一九四八（昭和二三）年一二月三〇日発行

再刊一六号（第五巻第二号）

一九四九（昭和二四）年一月三〇日発行

通巻一九号（新編集第一号）

一九四九（昭和二四）年九月一五日発行

通巻二一号（新編集第三号）

一九四九（昭和二四）年一二月一日発行

学生評論別冊　旧制・新制　東大入試必携〈国立大学受験特集号〉

一九五〇（昭和二五）年一月一五日発行

通巻二二号（新編集第四号）
一九五〇（昭和二五）年二月二〇日発行

〔通巻二四号〕（通巻二三号、第五号、第六号）
一九五〇（昭和二五）年六月一五日発行

＊本号17頁～24頁掲載予定だった相川春喜氏論文「ソヴエート型インテリゲンチャの形成」は、同氏の公職追放決定のため全文削除となった。

〔通巻二五号〕（通巻二四号、第七号、増刷版）
一九五〇（昭和二五）年一〇月一日発行

〔通巻二六号〕（通巻二五号、第八号）
一九五一（昭和二六）年三月一日発行

『季刊大学』

第一号

一九四七（昭和二二）年四月二五日発行

第三・四号

一九四七（昭和二二）年一一月二〇日発行

第五号

一九四八（昭和二三）年三月五日発行

第六号

一九四八（昭和二三）年九月一〇日発行

『大　学』

第一巻第一号（創刊号）

一九四七（昭和二二）年五月一日発行

第一巻第二号（六月号）

一九四七（昭和二二）年六月一日発行

第一巻第三号（第一巻第二号）

一九四七（昭和二二）年八月一日発行

第一巻第六号（一二月号）

一九四七（昭和二二）年一二月一日発行

第二巻第三号（三月号）

一九四八（昭和二三）年三月一日発行

第二巻第四号（四月号）

一九四八（昭和二三）年四月一日発行

第二巻第五号（五月号）

一九四八（昭和二三）年五月一日発行

第二巻第六号（六月号）

一九四八（昭和二三）年六月一日発行

第二巻第九号（九月号）

一九四八（昭和二三）年九月一日発行

『学園評論』

第一巻第一号〈創刊号〉　一九五二（昭和二七）年七月一日発行

第一巻第二号　一九五二(昭和二七)年八月一日発行

第一巻第三号　一九五二（昭和二七）年一〇月一日発行

第一巻第四号　一九五二（昭和二七）年一一月一日発行

第二巻第二号　一九五三（昭和二八）年二月一日

第二巻第三号〈復刊号〉　一九五三（昭和二八）年六月一五日発行

第二巻第四号　一九五三（昭和二八）年八月一日発行

第二巻第五号　一九五三（昭和二八）年九月一日

第二巻第六号　一九五三（昭和二八）年一一月一日発行

第二巻第七号　一九五三（昭和二八）年一二月一日発行

第三巻第二号　一九五四（昭和二九）年二月一日発行

第三巻第三号　一九五四（昭和二九）年三月一日発行

第三巻第四号　一九五四（昭和二九）年四月一日発行

第三巻第五号　一九五四（昭和二九）年五月一日発行

第三巻第六号　一九五四（昭和二九）年六月一日発行

第三巻第七号　一九五四（昭和二九）年六月五日発行

〈日本学生平和会議議事録〉

＊原本では表紙に「増刊」、奥付に「別冊」と記載あり

第三巻第八号　一九五四（昭和二九）年七月一日発行

第三巻第九号　一九五四（昭和二九）年八月一日発行

第三巻第一〇号 一九五四（昭和二九）年九月一日発行

第三巻第一一号　一九五四（昭和二九）年一〇月一日発行

第三巻第一一号　一九五四（昭和二九）年一一月一日発行

第三巻第一三号　一九五四（昭和二九）年一二月一日発行

第四巻第一号　一九五五（昭和三〇）年一月一日発行

第四巻第二号　一九五五（昭和三〇）年二月一日発行

第四巻第三号　一九五五（昭和三〇）年三月一日発行

第四巻第五号　一九五五（昭和三〇）年五月一日発行

第四巻第六号　一九五五（昭和三〇）年六月一日発行

第四巻第七号 一九五五（昭和三〇）年七月一日発行

第四巻第八号　一九五五（昭和三〇）年八月一日発行

第四巻第九号　一九五五（昭和三〇）年九月一日発行

第四巻第一〇号　一九五五（昭和三〇）年一〇月一日発行

第四巻第一一号　一九五五（昭和三〇）年一一月一日発行

第四巻第一二号　一九五五（昭和三〇）年一二月一日発行

第五巻第一号 一九五六（昭和三一）年一月一日発行

第五巻第二号　一九五六（昭和三一）年三月一日発行

＊原本では「五巻三号」と記載あり

『学生生活』

第五巻第三号　一九五六（昭和三一）年五月一日発行

第五巻第四号　一九五六（昭和三一）年六月一日発行

第五巻第五号　一九五六（昭和三一）年七月一日発行

第五巻第六号　一九五六（昭和三一）年八月一日発行

〈特集　記録・日本学生運動史――三代の青春〉

第五巻第七号　一九五六（昭和三一）年九月一日発行

第五巻第八号 一九五六（昭和三一）年一〇月一日発行

第五巻第九号　一九五六（昭和三一）年一一月一日発行

付録〈学園評論社関係資料〉

『わだつみに誓う——京大天皇事件の記録』

〈京都大学同学会・全日本学生新聞連盟共同編集〉

一九五一（昭和二六）年一二月一七日発行

『もう黙ってはいられない――東大事件はこれからもおこる』
〈学園評論社編集部編集、まつやまふみお・みなみよしろう絵〉
一九五二（昭和二七）年四月三〇日発行

『日本学生詩集——ささやくように』

〈東京都学生文学懇談会・学園評論編集部共同編集、
理論社発行〉　一九五三（昭和二八）年四月五日発行

戦後学生雑誌と学生運動
『学生評論』『季刊大学』『大学』『学園評論』
解説・総目次・索引

著者　中西直樹

2020年6月25日　初版第一刷発行

発行者　小林淳子
発行所　不二出版　株式会社
〒112-0005
東京都文京区水道2-10-10
電話　03（5981）6704
http://www.fujishuppan.co.jp
組版／昴印刷　印刷・製本／藤原印刷
乱丁・落丁はお取り替えいたします。

ISBN978-4-8350-8354-4

著者

中西直樹（なかにし・なおき）

一九六一年生まれ。龍谷大学文学部教授、仏教史学専攻

主な編著書等　『日本仏教アジア布教の諸相』（共編著、三人社、二〇二〇年）、『論集　戦時下「日本仏教」の国際交流』龍谷大学アジア仏教文化研究叢書11（共編著、不二出版、二〇一九年）、『新仏教とは何であったか　近代仏教改革のゆくえ』（法藏館、二〇一八年）ほか

とは、女子学生に限らず、当時の学生の心情を代弁する内容ともなっているのである。

戦後七十五年を経て、当時のことは風化しつつある。学生の気質を大きく変化した。しかし、戦後復興の大きな原動力のひとつとなった学生たちの願いを再確認することは、決して意味のないことではないであろう。むしろ混迷を深める現代社会にあって、戦後の女性の解放運動、学生運動の原点に位置する学生たちの願いや活動をふり返り、問い直すことの重要性は、ますます増しているように思えてならない。

本書は、本年（二〇二〇年）に発足した龍谷大学の重点強化型研究推進事業「ジェンダーと宗教研究センター」の助成を受けてセンター代表の岩田真美先生（龍谷大学文学部准教授）と関係者各位には、甚深の謝意を申し上げたい。

最後となったが、『学生評論』等の復刻と本書刊行をお引き受けいただいた不二出版の船橋治会長と小林淳子取締役社長、雑誌復刻と本書刊行をご担当いただいた村上雄治氏にも、衷心よりお礼を申し上げる次第である。

中西直樹

あとがき

戦後の日本映画界を牽引した黒澤明と木下恵介とは、敗戦後に女性解放をテーマとした作品を世に送り出している。一九四六（昭和二一）年の黒澤明監督作品「わが青春に悔なし」と、一九五四（昭和二九）年の木下恵介監督作品「女の園」である。「柔の木下、剛の黒澤」と評されたように、両監督の個性が色濃く反映された内容となっているが、発表された時期の違いも大きく作品に影響を与えたと考えられる。

敗戦直後に発表された「わが青春に悔なし」は、滝川事件とゾルゲ・スパイ事件に題材をとり、戦時中の暗い世相のなかで、自立したあり方を求めたヒロイン（原節子）の生きざまが力強く描かれている。本書のなかでも指摘したように、戦後の学生運動は、一九四六年五月に開催された滝川事件記念学生祭が出発点となった。そして、同年一〇月に『学生評論』が再刊され、その再刊を記念し、公開に先立って「わが青春に悔いなし」の上映会が東京大学で開かれた。戦前の先輩たちの反戦運動を継承しようとした敗戦直後の学生運動の意気込みが、感じられる内容となっていると言えるであろう。

一方、「女の園」は、一九五〇年の朝鮮戦争の勃発、ＨＱの右旋回、レッドパージを経て、全学連が分裂し、学生運動が低迷した時期に発表された。名門女子大学の学生寮に根強く残る封建的な体質に悩み、苦しみ、解放を求める女子大学生の群像（高峰秀子・岸恵子・久我美子ら）が描かれており、女子学生たちが大学当局への怒りを爆発させるところで映画は終わっている。その後の国立大学授業料値上げ阻止闘争（一九五六年一月）、砂川基地拡張反対闘争（同年一一月）を経て、安保闘争へと至る学生運動の盛り上がりを予見させる結末となっている。この映画は、当時を代表する学生雑誌『学園評論』に掲載された学生劇のシナリオと同じく、京都女子大学の学生寮をモデルとしていることを本書で解説した。

二つの映画は、それぞれ『学生評論』と『学園評論』と密接な関係を有している。そして、二つの映画と学生雑誌

第３回	附録	『水爆よりも平和を』京大水爆問題協議会・学園評論社編	一九五四年七月	学園評論社
		『世界の学生運動の新しい方向　第九回国際学連評議会報告・勧告集』祖国と学問のために編	一九五四年八月	

回	巻	書名／編著者名		発行年		発行元
第2回	6	第4巻第2号		一九五五（昭和三〇）年	二月一日	学園評論社
		第4巻第3号			三月一日	
		第4巻第4号			四月一日	
		第4巻第5号			五月一日	
		第4巻第6号			六月一日	
		第4巻第7号			七月一日	
第3回	7	第4巻第8号		一九五五（昭和三〇）年	八月一日	学園評論社
		第4巻第9号			九月一日	
		第4巻第10号			一〇月一日	
		第4巻第11号			一一月一日	
		第4巻第12号			一二月一日	
		第5巻第1号		一九五六（昭和三一）年	一月一日	
	8	〔第5巻第2号〕	第5巻第3号以下、『学生生活』と改題	一九五六（昭和三一）年	三月一日	学園評論社
		第5巻第3号			五月一日	
		第5巻第4号			六月一日	
		第5巻第5号			七月一日	
	9	第5巻第6号		一九五六（昭和三一）年	八月一日	学園評論社
		第5巻第7号			九月一日	
		第5巻第8号			一〇月一日	
		第5巻第9号			一一月一日	
	附録	『わだつみに誓う　京大天皇事件の記録』京都大学同学会・全日本学生新聞連盟共編		一九五一年	一二月	学園評論社
		『もう黙っていられない　東大事件はこれからもおこる』学園評論編集部編		一九五二年	四月	
		『日本学生詩集　ささやくように』東京都学生文学懇談会・学園評論編集部編		一九五三年	四月	理論社

学園評論　全9巻

配本	収録巻数	巻号	備考	発行年	月日	発行元
第1回	1	第1巻第1号	創刊号	一九五二（昭和二七）年	七月一日	学園評論社
		第1巻第2号			八月一日	
		第1巻第3号			一〇月一日	
	2	第1巻第4号		一九五二（昭和二七）年	一二月一日	学園評論社
		第2巻第1号		一九五三（昭和二八）年	一月一日	
		第2巻第2号			二月一日	
		第2巻第3号			六月一五日	
	3	第2巻第4号		一九五三（昭和二八）年	八月一日	学園評論社
		第2巻第5号			九月一日	
		第2巻第6号			一一月一日	
		第2巻第7号			一二月一日	
		第3巻第1号		一九五四（昭和二九）年	一月一日	
		第3巻第2号			二月一日	
第2回	4	第3巻第3号		一九五四（昭和二九）年	三月一日	学園評論社
		第3巻第4号			四月一日	
		第3巻第5号			五月一日	
		第3巻第6号			六月一日	
		〔第3巻第7号〕	増刊号		六月五日	
		第3巻第8号			七月一日	
	5	第3巻第9号		一九五四（昭和二九）年	八月一日	学園評論社
		第3巻第10号			九月一日	
		第3巻第11号			一〇月一日	
		第3巻第12号			一一月一日	
		第3巻第13号			一二月一日	
		第4巻第1号		一九五五（昭和三〇）年	一月一日	

季刊大学　全2巻

配本	収録巻数	巻号	その他の巻号・備考	発行年月日		発行元
第3回	1	第1号		一九四七（昭和二二）年	四月二五日	帝国大学新聞社出版部
		第2号			七月二五日	
	2	第3・4号	秋季特大号	一九四七（昭和二二）年	一二月二〇日	東京大学新聞社出版部
		第5号		一九四八（昭和二三）年	三月五日	
		第6号			九月一〇日	

大学　全2巻

配本	収録巻数	巻号	その他の巻号・備考	発行年月日		発行元
第3回	1	第1巻第1号	創刊号	一九四七（昭和二二）年	五月一日	大学文化社
		第1巻第2号	6月号		六月一日	
		第1巻第3号	第1巻第2号		八月一日	
		第1巻第4号	9月号		九月一日	
		第1巻第5号	10・11月合併号		一〇月一日	
		第1巻第6号	12月号		一二月一日	
		第2巻第1号	1月号	一九四八（昭和二三）年	一月一日	
		第2巻第2号	2月号		二月一日	竹井出版
	2	第2巻第3号	3月号	一九四八（昭和二三）年	三月一日	竹井出版
		第2巻第4号	4月号		四月一日	
		第2巻第5号	5月号		五月一日	
		第2巻第6号	6月号		六月一日	
		第2巻第7号	7月号		七月一日	
		第2巻第8号	8月号		八月一日	
		第2巻第9号	9月号		九月一日	

配本	収録巻数	巻号	その他の巻号・備考	発行年月日	発行元
第2回	4	再刊18号		一九四九（昭和二四）年 六月一五日	学生評論社
		通巻19号	新編集第1号	九月一五日	
		通巻20号	新編集第2号／11月号	一〇月三〇日	
		通巻21号	新編集第3号	一二月一日	
		学生評論別冊　旧制　新制　東大入試必携　国立大学受験特集号		一九五〇（昭和二五）年 一月一五日	
	5	通巻22号	新編集第4号	一九五〇（昭和二五）年 二月二〇日	学生評論社
		通巻23号	第5号	四月一日	
		〔通巻24号〕	通巻23号／第5号／第6号	六月一五日	
	6	〔通巻25号〕	通巻24号／第7号／増刷版	一九五〇（昭和二五）年 一〇月一日	学生評論社
		〔通巻26号〕	通巻25号／第8号	一九五一（昭和二六）年 三月一日	
		〔通巻27号〕	通巻26号／第9号／平和擁護特集号	五月一日	

収録内容一覧 ――『学生評論』『季刊大学』『大学』『学園評論（学生生活）』ほか

・本一覧は、不二出版が刊行した復刻版『学生評論・季刊大学・大学』全10巻・別冊1、『学園評論』全9巻・付録1・別冊1より作成した。
・各誌巻号表記に異同がある場合等、付随的な原誌情報は備考に記し、編集部にて〔　〕をつけて訂正した。
・『学生評論』は「再刊（通巻）」号数を主にし、『季刊大学』『大学』『学園評論』では巻号数を主に記した。
・『学園評論』は第5巻第3号より『学生生活』と改題された。

学生評論　全6巻

配本	収録巻数	巻号	その他の巻号・備考	発行年月日		発行元
第1回	1	再刊1号	第3巻第1号	一九四六（昭和二一）年	一〇月一日	学生書房
		再刊2号	第3巻第2号		一二月二三日	
		再刊3号	第4巻第1号／新年号	一九四七（昭和二二）年	一月一〇日	
		再刊4号	第4巻第2号		三月三〇日	
	2	再刊5号	第4巻第3号／6月号	一九四七（昭和二二）年	六月一日	学生書房
		〔再刊6号〕	第4巻第4号／7月号		七月一日	
		再刊7号	第4巻第5号／8・9月合併号／秋季特別号		九月一〇日	
		再刊8号	第4巻第6号／10月号	一九四八（昭和二三）年	一二月二〇日	
		再刊9号	第4巻第7号／新年号		一月二〇日	
		再刊10号	第4巻第8号		三月三〇日	
	3	再刊11号	第4巻第9号	一九四八（昭和二三）年	五月三〇日	学生書房
		再刊12号	第4巻第10号		七月二〇日	
		再刊13号	第4巻第11号		八月三〇日	
		再刊14号	第4巻第14号		一二月三〇日	学生評論社
		再刊15号	第4巻第15号		一二月三〇日	
		再刊16号	第5巻第2号	一九四九（昭和二四）年	一月三〇日	
		再刊17号	欠本			

索引・凡例

一、本索引は、『学生評論』『季刊大学』『大学』『学園評論』（後継誌『学生生活』を含む）、および『学園評論』復刻時に附録として収録した著書の執筆者名等より作成した。

一、構成は、『学生評論』索引、『季刊大学』『大学』索引、『学園評論』索引（前述附録含む）の３部からなる。

一、本索引は、配列を五十音順とし、外国人名も姓を基準とした。

一、旧漢字、異体字はそれぞれ新漢字、正字にあらためた。

一、表記は、通巻号数－頁数の順とした。

一、原本に頁数表記がない場合は、ページ数に（　）を付した。

一、『季刊大学』『大学』索引において、『季刊大学』の項目には「季」と記した。

『学生評論』

あ

か

さ

た

な

や

ら

わ

『季刊大学』『大学』

さ

『学園評論』

か

さ

た

な

ま

や

ら

わ

その他

第Ⅲ部

各誌索引